PETITE
CHIMIE
DES ÉCOLES

Simples Notions sur les applications de cette science
à l'Industrie, à l'Agriculture et à l'Économie domestique

Par M. le docteur SAUCEROTTE

Chevalier de la Légion d'honneur
Officier de l'Instruction publique.

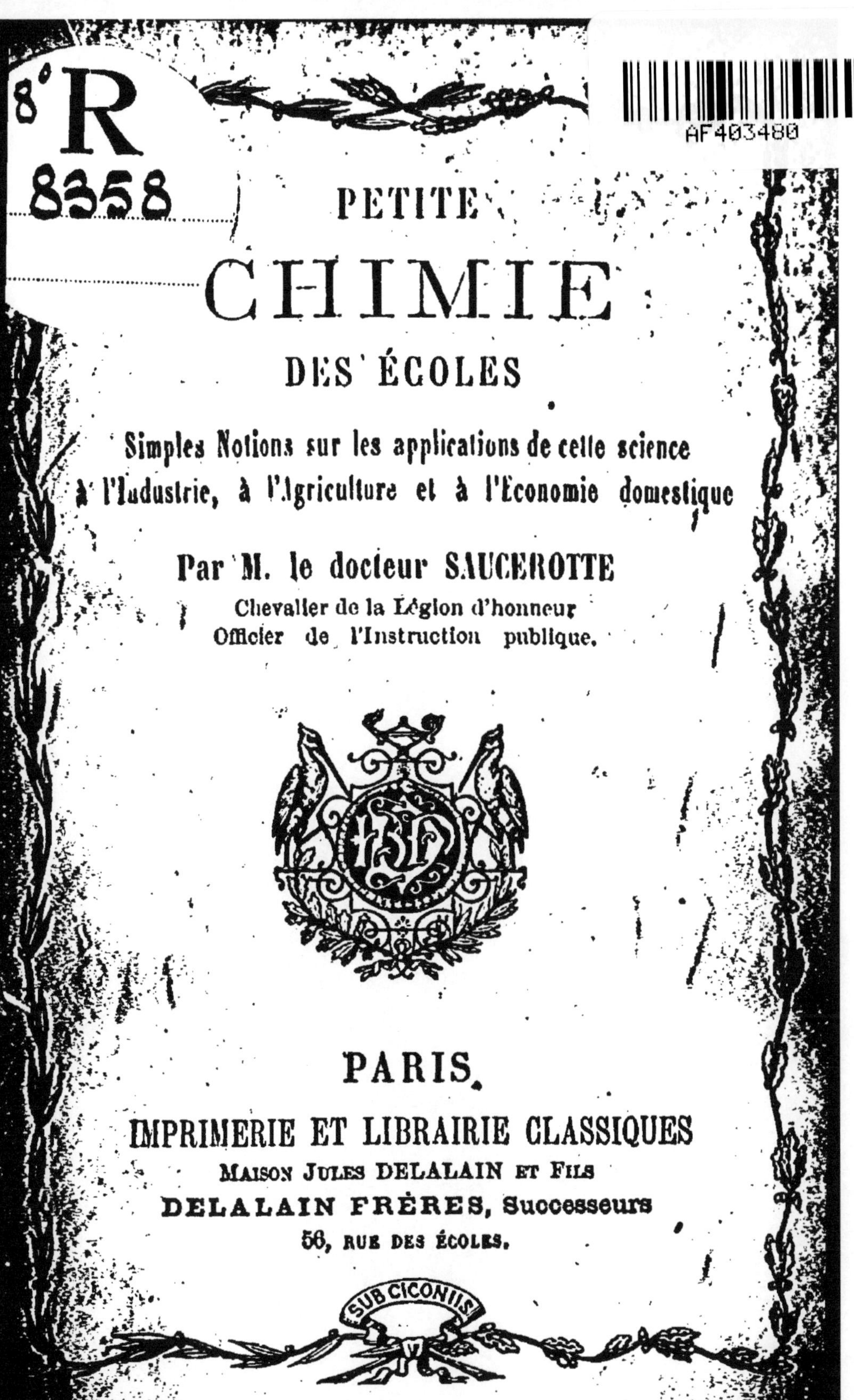

PARIS,

IMPRIMERIE ET LIBRAIRIE CLASSIQUES

Maison Jules Delalain et Fils

DELALAIN FRÈRES, Successeurs

56, RUE DES ÉCOLES.

PETITE
CHIMIE
DES ÉCOLES

Simples Notions sur les applications de cette science
à l'Industrie, à l'Agriculture et à l'Économie domestique

Par M. le docteur SAUCEROTTE
Chevalier de la Légion d'honneur
Officier de l'Instruction publique.

NEUVIÈME ÉDITION.

PARIS

IMPRIMERIE ET LIBRAIRIE CLASSIQUES
Maison Jules Delalain et Fils
DELALAIN FRÈRES, Successeurs
56, rue des Écoles.

Ce volume de *Chimie* complète, dans notre Petit Cours de Sciences usuelles, nos traités d'*Histoire naturelle*, de *Physique* et d'*Agriculture*.

L'importance que la Chimie a prise de nos jours comme science appliquée est telle, que chaque découverte faite dans le laboratoire détermine dans l'industrie une application nouvelle, un progrès corrélatif. On a pu dire avec raison que la manufacture n'est qu'un laboratoire agrandi.

Dans l'ordre de nos connaissances, comme dans celui de l'enseignement, la Chimie doit venir après ses deux aînées. Elle suppose, en effet, chez celui qui en commence l'étude, des notions suffisantes en histoire naturelle et en physique pour ne point être arrêté par le sens de beaucoup de mots ou par l'ignorance de certains faits.

Pour ne point laisser de lacunes dans ce livre, nous avons dû revenir plus d'une fois sur des choses décrites dans les deux autres traités. Quant aux faits énoncés sans développement, ou au petit nombre de termes restés sans explication, le maître pour en avoir la clef, se reportera aux passages correspondants de l'*Histoire naturelle* et de la *Physique*.

L'enseignement élémentaire de la Chimie peut être utilement complété par quelques expériences très simples sur les matières les plus communes. Ainsi, par exemple : le sel décrépite, le nitre fuse sur des charbons ardents. Le vinaigre projeté sur de la craie produit le dégagement de l'acide carbonique. De la chaux vive et du sel ammoniac broyés ensemble donnent naissance au gaz ammoniac. Avec un peu de brou de noix et du vitriol vert on fait de l'encre. Ces petites expériences, qu'on peut multiplier sans peine sous les yeux des élèves, ont l'avantage de les intéresser et de se graver facilement dans la mémoire.

Nous nous bornons ici à cette simple indication, devant trouver plus d'une occasion d'en reparler. Ayant déjà consacré un traité spécial à l'*Agriculture*, nous n'avions pas à recommencer ici cette tâche. Toutefois, il n'est pas une seule application importante de la chimie à l'agriculture que nous n'ayons mentionnée à la place qui lui appartient, c'est-à-dire dans l'histoire des substances dont les propriétés et les usages doivent être connus du cultivateur. Ainsi, c'est aux chapitres qui traitent de la chaux, de la silice, de l'argile, que l'on cherchera des notions chimiques sur les amendements; c'est aux chapitres qui traitent de l'azote, de l'ammoniaque, du phosphore, etc., que l'on parle des engrais.

Bien que nous nous soyons efforcé de conserver à ce petit traité un caractère élémentaire en rapport avec sa destination, nous n'avons pas cru devoir nous passer de la nomenclature chimique. Cette langue scientifique peut paraître un peu étrange quand elle résonne pour la première fois aux oreilles d'un enfant; mais toute autre méthode nous eût obligé de développer longuement les mêmes choses à l'occasion de chaque corps. Elle eût donc ralenti la marche de l'enseignement, et, loin de simplifier la tâche de l'instituteur, elle l'eût singulièrement compliquée.

PETITE CHIMIE

DES ÉCOLES.

INTRODUCTION.

Ce que c'est que la Chimie, et ce qu'on apprend dans ce livre.

La *Chimie* nous apprend à connaître la nature intime des corps qui nous environnent, que ces corps soient simples, comme le fer, le soufre, le cuivre, ou qu'ils soient composés, comme la craie, le sel, le sucre, etc.

Elle étudie les changements qu'éprouvent les corps lorsqu'ils agissent les uns sur les autres, ou lorsqu'on sépare les parties qui les composent.

Ainsi, le fer exposé à l'air humide se

couvre de rouille; le vin résulte de la fermentation du moût; le vinaigre est du vin altéré, dont l'esprit est devenu acide; le bois, l'huile se décomposent par la combustion et se retrouvent dans l'air à l'état de gaz. De même, les substances animales et végétales se transforment en gaz par la putréfaction ou pourriture. Ces phénomènes, appelés *réactions chimiques*, changent les propriétés des corps (la densité, le poids, la couleur, l'odeur, la forme), pour en faire des corps nouveaux.

C'est la chimie qui nous enseigne à dégager les métaux des substances étrangères auxquelles ils sont réunis dans la terre, à composer avec ces métaux des combinaisons ou des alliages usités dans les arts et dans l'industrie.

C'est la chimie qui fait connaître à l'agriculteur les substances dont sont formés les plantes, le sol, les engrais, et l'action que

1.

ces différents corps exercent les uns sur les autres. C'est encore la chimie qui nous explique comment, par les amendements, on fournit au sol les matières qui lui manquent ; comment on entretient sa fertilité par les assolements.

C'est la chimie qui nous apprend à extraire des végétaux ou des animaux les substances nécessaires à nos besoins journaliers, telles que le sucre, l'alcool, la gélatine, l'amidon, le vinaigre, etc.

La chimie nous guide encore dans la préparation d'un grand nombre de remèdes, de boissons et d'aliments, tels que le vin, la bière, le pain, etc.

Enfin, elle nous apprend à fabriquer une foule de produits nouveaux, tels que le verre, la porcelaine, le savon, la poudre à canon, les belles couleurs tirées du goudron de houille.

Ces exemples doivent suffire pour faire

comprendre quel vif intérêt offre la connaissance d'une science qui fournit tant d'applications importantes aux sciences, aux arts, à l'industrie.

L'étude de la chimie comprend deux parties : la *chimie minérale*, qui traite des substances brutes ou inorganiques, telles que les métaux, les pierres, l'eau, etc. ; la *chimie organique*, qui nous fait connaître les substances organisées composant les végétaux, les animaux, et les produits de leur composition, tels que le terreau, les engrais.

CHAPITRE Ier.

Préliminaires. — Corps simples, corps composés.— Combinaison; mélange.— Cohésion; affinité.—Nomenclature.—Analyse chimique.

1. Les corps sont *simples* ou *composés.*

On dit qu'un corps est *simple* quand il ne contient qu'une seule sorte de matière. — Le soufre, le fer, le cuivre : voilà des corps simples.

On dit qu'un corps est *composé* quand il contient plus d'une sorte de matière. — L'acier, qui contient du fer et du charbon ; le laiton, qui est formé de cuivre et de zinc : voilà des corps composés.

2. Combinaison. — Les corps simples ou éléments agissent les uns sur les autres, dans certaines circonstances, pour donner naissance à de nouveaux produits, différents des corps qui les ont formés.

On dit alors qu'ils se sont *combinés*, et le corps composé qu'ils forment est une *combinaison.* — Ainsi, le vinaigre séjournant sur du cuivre produit du vert-de-gris, lequel n'a plus les caractères du cuivre ni ceux du vinaigre : c'est là une combinaison.

Le *mélange* diffère de la combinaison, en ce que les substances qui le composent conservent leurs propriétés et peuvent être reconnues et séparées.

3. Cohésion, affinité. — Deux forces agissent dans les corps pour produire les combinaisons : ce sont la *cohésion* et l'*affinité*.

La *cohésion* est la force qui réunit les molécules d'une même substance, d'un même corps.

L'*affinité* est la force qui réunit les molécules des corps différents dans les combinaisons.

Ainsi, c'est la cohésion qui réunit les molécules du fer, parce que le fer est un corps simple.

C'est l'affinité qui réunit les molécules de la craie, parce que la craie est un corps composé, une combinaison qui contient de la chaux et un gaz nommé *acide carbonique*.

En diminuant la cohésion, on permet à l'affinité d'agir et à la combinaison de se faire. Ainsi, le soufre et le fer mis en contact ne se combinent pas, parce que leur cohésion réciproque s'y oppose. Mais si l'on diminue cette cohésion en les chauffant l'un ou l'autre, alors l'affinité l'emporte, la combinaison se produit.

On peut diminuer la cohésion au moyen de la chaleur ; on peut la diminuer aussi par la *dissolution*.

On désigne ainsi le phénomène qui se passe quand un corps solide semble fondre et disparaître dans un liquide sans en troubler la transparence. Ainsi, le sel se dissout dans l'eau.

La plupart des combinaisons chimiques se font à l'aide de la chaleur ou de la dissolution.

4. **Nomenclature chimique.** — Il y a plusieurs espèces de composés ou de combinaisons. On appelle *composés binaires* ceux qui sont formés de 2 corps ; *composés ternaires*, ceux qui sont formés de 3 corps ; *composés quaternaires*, ceux qui sont formés de 4 corps.

Pour classer le nombre infini des corps composés, on emploie un langage particulier appelé *nomenclature chimique*.

La nomenclature est la connaissance des noms donnés en chimie aux différents corps.

Elle laisse aux corps simples leurs noms usuels, exemples : soufre, fer, plomb, on leur donne des noms simples et courts, exemples : chlore, iode, bore. Elle donne aux corps composés des noms construits de telle sorte qu'ils font connaître en même temps la nature et la proportion des éléments dont ils sont formés.

Les composés binaires sont les plus nombreux : ce sont les *acides*, les *oxydes* et les *corps neutres* ou composés binaires dans lesquels n'entre point l'oxygène.

5. Acides. — Les *acides* sont formés par la combinaison d'un corps simple avec l'oxygène[1]. Leur nom se termine en *eux* ou en *ique*.

Ceux dont le nom se termine en *eux* contiennent le moins d'oxygène ; ceux dont le nom se termine en *ique* en contiennent plus ; exemples : *acide sulfureux, acide sulfurique*.

Si un corps forme avec l'oxygène plus de

1. Voyez, pour les propriétés de l'oxygène, p. 15.

deux acides, on les distingue par les termes *hypo, hyper* ou *per. Hypo* désigne celui qui contient le moins d'oxygène; *hyper*, ou simplement *per*, celui qui en contient le plus; exemples : *acide hypochloreux, chloreux, chlorique, hyperchlorique* ou *perchlorique.*

Les acides se reconnaissent à leur saveur aigre et à la propriété qu'ils ont de rougir la couleur bleue connue sous le nom de *tournesol.*

6. **Oxydes.** — Les *oxydes* sont formés par un corps simple et l'oxygène.

Quand un corps forme avec l'oxygène plusieurs oxydes, on appelle *protoxyde* celui qui contient une proportion d'oxygène; *sesquioxyde*, celui qui contient une proportion et demie; *deutoxyde* ou *bioxyde*, celui qui en contient deux; enfin, *peroxyde*, celui qui en contient le plus.

Ils n'ont pas de saveur ou ont une saveur âcre semblable à celle de la lessive. Plusieurs d'entre eux se reconnaissent à la propriété qu'ils ont de ramener au bleu la couleur de tournesol rougie par les acides et de verdir le sirop de violette.

On désigne les oxydes en faisant suivre

le mot *oxyde* du nom du corps simple ; ainsi, l'on dit : *oxyde de zinc, oxyde de plomb.* Plusieurs oxydes portent des noms simples tirés du nom du métal qui les forme. Ainsi, on dit : la *chaux*, la *potasse*, au lieu de dire : l'*oxyde de calcium*, l'*oxyde de potassium.*

7. Corps neutres. — Les corps neutres sont des composés binaires qui ne contiennent pas d'oxygène. On forme leur dénomination en donnant à celui des deux corps nommé le premier la terminaison *ure ;* exemples : soufre et plomb, *sulfure* de plomb ; chlore et sodium, *chlorure* de sodium.

Si le premier corps forme avec le second plusieurs combinaisons, on les distingue, comme les oxydes, en employant les particules *proto, bi* ou *deuto, per ;* exemples : *protochlorure* de mercure, *bichlorure* ou *deutochlorure* de mercure, *perchlorure* de fer.

8. Sels. — Les composés ternaires sont fort nombreux ; mais nous ne parlerons ici que des *sels :* c'est ainsi qu'on appelle la combinaison d'un acide avec un oxyde. L'oxyde contenu dans un sel prend le nom de *base* ou *base salifiable.*

Les acides terminés en *ique* forment des sels terminés en *ate :* acide sulfurique et chaux, *sulfate de chaux;* — ceux terminés en *eux* forment des sels en *ite :* acide sulfureux et chaux, *sulfite de chaux.*

Enfin, il y a des *sels doubles,* c'est-à-dire qui contiennent 2 oxydes pour 1 acide; exemple : l'alun, qui est un *sulfate double d'alumine et de potasse.*

9. Indépendamment des acides dont nous avons parlé, il en est qui sont formés par la combinaison d'un corps simple avec l'hydrogène. Ces acides ont la terminaison *hydrique;* exemple : chlore et hydrogène, acide *chlorhydrique.*

10. **Alliages.** — Les *alliages* sont des mélanges ou combinaisons de métaux entre eux. Quelques-uns ont des noms particuliers : ainsi, le cuivre et le zinc forment un alliage nommé *laiton.*

11. **Analyse chimique.** — Quand on veut reconnaître les différents corps qui forment une combinaison, il faut la décomposer. On appelle *analyse chimique* l'ensemble des opérations qu'il faut exécuter pour arriver à ce but. **L'*analyse qualitative*** a pour but

de reconnaître la nature des diverses substances qui existent dans un corps composé ; elle est *quantitative* quand on veut, en outre, connaître la proportion de ces diverses substances.

L'analyse se fait par *voie humide*, quand on opère sur les substances préalablement dissoutes dans un liquide. L'analyse par *voie sèche* se fait à l'aide de la chaleur employée de diverses manières, fréquemment avec un tube creux et courbé, nommé *chalumeau*, qui sert à activer et à diriger la flamme sur de petits fragments du corps examiné.

Pour faire une analyse chimique, on se sert de *réactifs*. Un réactif est un corps qui, faisant ressortir les propriétés caractéristiques d'autres corps, sert à en révéler la présence : ainsi, le bleu de tournesol est le réactif des acides, parce qu'il rougit chaque fois qu'il se trouve en contact avec l'un de ces corps.

12. Synthèse. — La *synthèse* a pour but la recomposition d'un corps avec les quantités de chaque élément fournies par l'analyse. Les deux opérations se servent mutuellement de preuve. Ainsi, en combinant deux volumes d'hydrogène avec un volume d'oxygène, on obtient de l'eau, etc.

La nomenclature n'est point appliquée en chimie organique; on peut dire cependant que tous les acides d'origine organique se terminent en *ique*.

Questionnaire.

1. Qu'est-ce qu'un corps simple ? — Qu'est-ce qu'un corps composé ?

2. Qu'appelle-t-on combinaison ? mélange ?

3. Qu'est-ce que la cohésion ? — Qu'est-ce que l'affinité ? — Qu'appelle-t-on dissolution ?

4. Qu'est-ce que la nomenclature ?

5. Qu'est-ce qu'un acide ? — Comment distingue-t-on les acides ?

6. Qu'est-ce qu'un oxyde ? — Y a-t-il plusieurs espèces d'oxydes ?

7. Comment désigne-t-on les composés binaires où n'entre pas l'oxygène ?

8. Qu'est-ce qu'un sel ? — Nommez les diverses espèces de sels.

9. Comment nomme-t-on les acides de l'hydrogène ?

10. Qu'est-ce qu'un alliage ?

11. Qu'appelle-t-on analyse chimique ? — Qu'est-ce qu'un réactif ?

12. Qu'appelle-t-on synthèse ?

CHAPITRE II.

Corps simples. — Métalloïdes. — Oxygène. — Azote. — Air atmosphérique.

1. Corps simples. — On connaît aujourd'hui 67 corps simples[1]. De même qu'on forme tous les mots avec les 24 lettres de l'alphabet, de même avec ces 67 corps simples on peut produire une quantité innombrable de combinaisons chimiques.

Les corps simples ou éléments combinés 2 à 2, 3 à 3 ou 4 à 4, forment toutes les substances que contiennent les trois règnes ou toutes les matières fabriquées qui existent.

Les 67 corps simples sont divisés en deux classes :

Les corps simples *non métalliques*, nommés aussi *métalloïdes*, sont au nombre de 15, et les *métaux*, au nombre de 52. Nous n'étu-

[1]. De nouveaux corps simples, qui élèvent ce nombre à 72, ont été récemment découverts; mais ils sont encore peu étudiés.

dierons que ceux des corps simples qui sont employés dans les arts et dans l'industrie.

2. Métalloïdes. — Les métalloïdes sont solides, liquides ou gazeux.

Les métalloïdes gazeux sont : l'*oxygène*, l'*azote*, l'*hydrogène*, le *chlore*, le *fluor*.

Les métalloïdes solides sont : le *carbone*, le *soufre*, le *phosphore*, l'*arsenic*[1], le *silicium*, le *bore*, l'*iode*, le *sélénium*, le *tellure*.

Il n'y a qu'un métalloïde liquide, le *brome*.

Les métalloïdes combinés avec l'oxygène donnent des acides; les métaux combinés avec ce gaz donnent des oxydes.

3. Oxygène. — *L'oxygène* est un gaz répandu partout dans la nature; par son mélange avec l'azote, il constitue l'*air atmosphérique*[2]; combiné avec l'hydrogène, il forme l'*eau*; combiné avec les métaux, il fait partie d'une foule d'oxydes et de substances minérales; enfin, l'oxygène entre dans la composition de tous les corps organisés, végétaux et animaux.

1. L'arsenic est aujourd'hui considéré comme un métalloïde. Il est étudié plus loin parmi les métaux, dans lesquels il était autrefois rangé.

2. Voyez notre *Petite Physique*, chap. **xx**.

A l'état libre ou pur, l'oxygène est un gaz sans couleur, sans odeur. Si l'on plonge dans un bocal contenant de l'oxygène une allumette presque éteinte, elle se rallume; si l'on y introduit un fil de fer muni d'un morceau d'amadou enflammé, le fil de fer brûle avec un éclat éblouissant (*fig.* 1). C'est l'oxygène qui permet aux corps de brûler; c'est l'oxygène qui entretient la respiration des êtres vivants. C'est pourquoi on le nommait *air vital*[1].

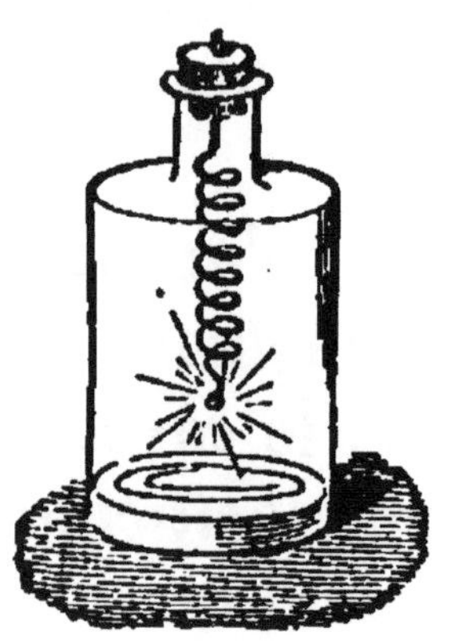

Fig. 1.

4. **Azote.** — L'*azote* est aussi un corps très répandu dans la nature : il constitue la plus grande partie de l'atmosphère.

L'azote entre dans la composition de presque toutes les substances animales et d'un grand nombre de végétaux. Les végétaux puisent en partie dans l'air l'azote

1. On peut préparer de l'oxygène en chauffant simplement du *chlorate de potasse* dans un ballon de verre.

qui leur est nécessaire, ou bien ils le tirent des engrais de nature animale.

L'azote pur est un gaz sans couleur et sans odeur. Au lieu de rallumer lés corps qui s'éteignent, comme le fait l'oxygène, il éteint ceux qui brûlent. Au lieu de faciliter la respiration, il l'arrête; et quand on met sous une cloche remplie d'azote un oiseau vivant, il meurt asphyxié[1].

5. Air atmosphérique. — *L'air* est un mélange de 79 parties d'azote et de 21 parties d'oxygène. L'air pèse 772 fois moins que l'eau : tandis qu'un litre d'eau pèse 1000 gr., un litre d'air ne pèse que 1 gr. 29. L'air contient, en outre, de la vapeur d'eau en quantité variable et une très faible quantité de *gaz carbonique.*

C'est l'oxygène qui attaque les métaux exposés à l'air, et qui forme, par exemple, la rouille sur le fer, le vert-de-gris sur le cuivre. C'est l'oxygène qui fait aigrir le vin ou rancir les graisses abandonnées à l'air.

1. On peut préparer l'azote en brûlant sous une cloche placée sur l'eau un morceau de phosphore. Quand la fumée qui se forme a disparu, l'azote seul reste sous la cloche.

C'est encore l'oxygène qui détermine la décomposition ou *putréfaction* des matières organisées du règne animal et du règne végétal. Aussi suffit-il de préserver les corps du contact de l'air pour empêcher tous ces phénomènes de se produire. — C'est ainsi qu'on préserve de toute altération le fer et le cuivre exposés à l'air, en les couvrant de couleurs grasses ou d'un métal que l'oxygène n'attaque pas comme il attaque ces métaux ; exemples : le fer-blanc, l'étamage. — C'est ainsi qu'on empêche le vin d'aigrir, en bouchant avec soin les bouteilles qui le contien-, nent, et que l'on conserve pendant des mois et des années les légumes, les fruits et même les viandes, en les renfermant dans des vases privés d'air et fermés hermétiquement.

6. **Combustion, respiration.** — La *combustion* est le phénomène par lequel un corps se décompose en dégageant de la chaleur et de la lumière. La combustion des corps susceptibles de brûler et la respiration des animaux ne peuvent se faire que dans l'air. Sans air, la combustion cesse, et la respiration s'arrête.

La respiration est une source de chaleur pour les animaux : plus la respiration est active, plus la chaleur du corps est élevée. Les animaux qui respirent incomplètement, tels que les vers et certains reptiles, sont des animaux à *sang froid*. Mais en brûlant et en respirant, les combustibles et les animaux dégagent un gaz dangereux à respirer, le gaz *acide carbonique*[1].

Ce gaz viciant promptement l'air dans les lieux fermés où se trouvent des êtres vivants, il faut en renouveler incessamment l'air par la ventilation, et le faire d'autant plus largement, qu'un plus grand nombre de personnes se trouvent réunies. Il faut pareillement que les gaz qui se produisent par la combustion du bois, du charbon, de la houille, trouvent une issue facile et constamment ouverte pour leur sortie.

Quant aux plantes, elles dégagent l'acide

---

1. *L'eau de chaux* se trouble et blanchit dans un bocal où on a fait brûler une bougie. Lorsqu'on fait passer dans de l'eau de chaux limpide, au moyen d'un tube, l'air sortant de la poitrine, cette eau se trouble également. Dans les deux cas, il se produit du carbonate de chaux.

carbonique pendant la nuit : aussi ne faut-il point en garder dans les chambres où l'on couche. Pendant le jour, au contraire, elles absorbent l'acide carbonique de l'air, dégagent de l'oxygène et servent ainsi à purifier l'atmosphère.

Questionnaire.

1. Combien y a-t-il de corps simples? Comment les divise-t-on?

2. Nommez les principaux métalloïdes.

3. Qu'est-ce que l'oxygène? — Où le trouve-t-on? — Quelles en sont les propriétés?

4. Qu'est-ce que l'azote? — En quoi diffère-t-il de l'oxygène?

5. De quoi se compose l'air atmosphérique? — Quels sont les effets de l'oxygène de l'air sur les métaux et sur les matières animales ou végétales?

6. Quelle est l'utilité de l'air dans la combustion et la respiration? — Quels sont les effets de la combustion et de la respiration sur la composition de l'air? — Comment les plantes peuvent-elles vicier et purifier l'air?

CHAPITRE III.

Hydrogène. — Eau. — Différentes espèces d'eaux. — Analyse de l'eau. — Distillation de l'eau.

1. Hydrogène. — L'*hydrogène* est un gaz sans couleur et sans odeur. C'est le plus léger de tous les corps : car il pèse 14 fois et demie moins que l'air, ce qui l'a fait employer pour gonfler les ballons[1].

L'hydrogène enflammé brûle à l'air avec une flamme bleue et en produisant une chaleur extrêmement forte, que l'on utilise dans les arts. Pour souder ou fondre certains métaux qui exigent une température très élevée, on se sert du *chalumeau à gaz oxhydrique.* C'est un appareil (*fig.* 2) dans lequel on fait arriver par deux tuyaux distincts, O et H, l'oxygène et l'hydrogène, qui ne se mélangent qu'à la sortie de l'appareil, au point

[1]. Voyez notre *Petite Physique* chap. **xxv.**

où on les enflamme : car l'hydrogène mêlé à
l'oxygène ou à l'air dans un vase clos occa-

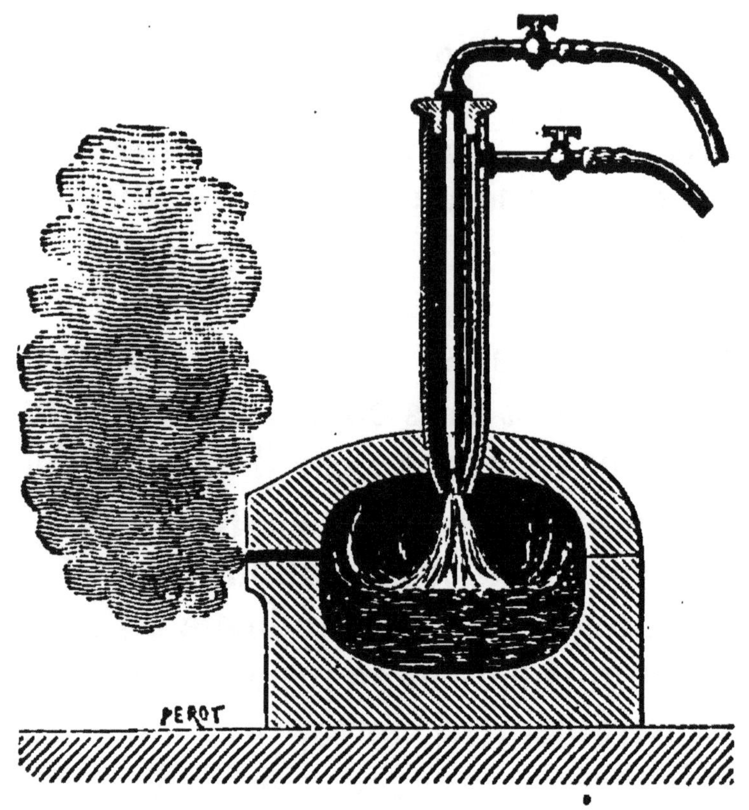

Fig. 2. — Chalumeau oxhydrique de Deville.

sionne une violente détonation quand on
l'enflamme.

On prépare l'hydrogène avec de l'eau, du
zinc et de l'acide sulfurique dans le petit
appareil représenté ici (*fig.* 3). Si l'on a be-

soin d'une quantité d'hydrogène plus considérable, on peut employer, avec l'acide

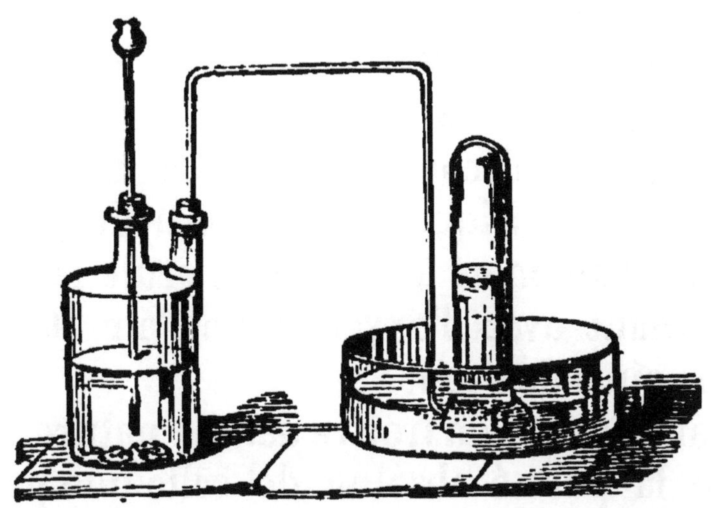

Fig. 3. — Appareil pour fabriquer l'hydrogène.

sulfurique et l'eau, du vieux fer, pour remplacer le zinc. Alors l'appareil est beaucoup plus volumineux; mais il est construit selon les mêmes principes.

2. Eau[1]. — *L'eau* est nécessaire à la vie de tous les êtres organisés; elle facilite la plupart des combinaisons chimiques en dissolvant les corps.

1. Voyez, pour les propriétés physiques de l'eau, notre *Petite Physique*, chap. XIV et XV.

L'eau, que l'on a longtemps regardée comme un corps simple, est formée par la combinaison de deux gaz, l'oxygène et l'hydrogène. La chimie nous apprend à décomposer et à recomposer l'eau avec les deux gaz qui la forment.

Ainsi l'eau, décomposée à l'aide du zinc et de l'acide sulfurique, dégage son hydrogène; ce gaz, enflammé à son tour, brûle en se combinant avec l'oxygène de l'air et reforme ainsi de l'eau.

Mais l'eau qu'on trouve dans la nature n'a point la pureté absolue de celle que peuvent faire les chimistes. Suivant la nature des terrains qu'elle traverse avant de paraître sur le sol, elle tient en dissolution différentes substances minérales, telles que la chaux, le plâtre, le sel. Elle peut aussi contenir des matières provenant de la décomposition des végétaux et des minéraux.

Il y a 3 espèces d'eaux : *l'eau de mer*, l'*eau douce*, les *eaux minérales*.

3. **Eau de mer**. — L'eau de mer contient par litre de 30 à 35 grammes de sels divers, notamment du sel marin ou sel commun.

4. Eau douce. — L'eau douce est celle qui n'a pas de saveur, et qui est *potable*, c'est-à-dire qu'on peut boire.

L'eau de pluie est la plus pure, quand toutefois on ne la recueille pas au commencement de la pluie, et quand elle n'a pas coulé sur les toitures de plomb ou de zinc. Dans les pays privés de cours d'eau, on recueille l'eau de pluie dans des constructions nommées *citernes*. Les citernes bien construites peuvent conserver longtemps l'eau très pure.

L'eau de neige et de glace fondue est aussi très pure; mais elle est lourde à digérer, parce qu'elle ne contient pas d'air.

L'eau de rivière contient souvent des matières étrangères dissoutes ou en suspension, c'est-à-dire flottant dans l'eau sous forme de poussières et troublant la limpidité de l'eau.

L'eau de source est plus fraîche, et d'une saveur plus agréable.

L'eau de puits est souvent chargée de sels de chaux. Quand l'eau contient plus de 50 centigrammes de matière minérale par litre, on dit que c'est une eau *crue*, une eau *dure* ou *séléniteuse*. Ainsi, l'*eau* de puits est généralement mauvaise à boire; elle fait cailler le savon et cuit mal les légumes secs. Pour la rendre propre au savonnage et à la cuisson des légumes, il faut y ajouter une petite quantité de *carbonate de soude* ou un sachet contenant de la cendre. — L'eau des puits artésiens est, en général, très pure.

5. On est quelquefois obligé d'analyser l'eau, c'est-à-dire de rechercher les sels ou substances qu'elle tient en dissolution. Le procédé d'analyse le plus expéditif et le plus facile est l'*analyse hydrotimétrique :* dans ce procédé, de l'eau contenant un poids déterminé de savon est mélangée avec l'eau qu'on veut examiner, dans un vase gradué pour cet usage. Il se forme un léger trouble dans l'eau potable, et dans l'eau calcaire, un dépôt de grumeaux, qui indique, selon son abondance, la quantité de sels calcaires contenus dans l'eau examinée.

On reconnaît qu'une eau est potable quand elle est limpide, sans odeur, d'une saveur fraîche et agréable. Elle doit bouillir sans se troubler ni former de dépôt, bien cuire les légumes et la viande sans les durcir, dissoudre le savon sans former de grumeaux, enfin ne point troubler la digestion.

Quand l'eau qu'on est obligé de boire contient des matières étrangères, comme l'eau de rivière, par exemple, il faut la *filtrer*, c'est-à-dire la faire passer à travers plusieurs lits de sable et de charbon, dans une fontaine ou un vase approprié à cet usage[1].

Mais cela ne suffit pas toujours, et, pour certains usages, l'on est obligé de la *distiller*.

Voici en quoi consiste la distillation de l'eau.

6. Eau distillée. — L'eau est chauffée et réduite en vapeur dans la chaudière, C, d'un appareil nommé *alambic* (*fig.* 4). La vapeur d'eau, une fois formée, se rend dans un tuyau de l'appareil nommé *serpentin*, S, plongé dans l'eau froide, où elle se refroidit, puis s'écoule au dehors à l'état d'*eau dis-*

1. En cas d'absolue nécessité, si l'on est réduit à des eaux saumâtres, on peut les clarifier avec 10 centigr. d'alun par litre.

tillée, c'est-à-dire très pure. L'eau distillée est employée dans la préparation de cer-

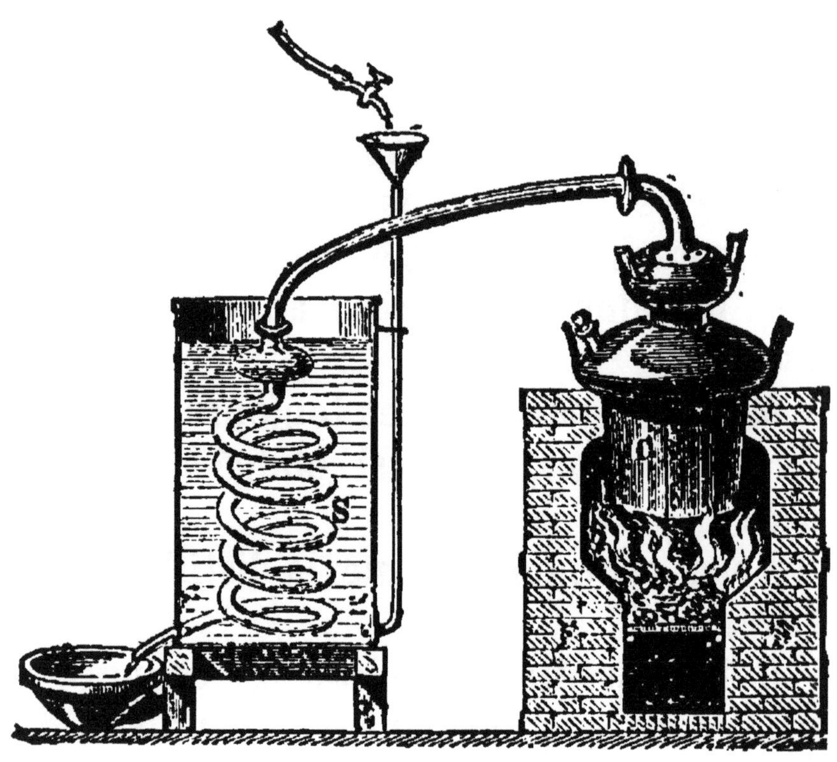

Fig. 4. — Alambic.

tains médicaments, dans les expériences de chimie, etc.

La distillation permet aux marins de débarrasser l'eau de mer des sels qu'elle contient, et de la boire après l'avoir aérée.

En distillant dans un alambic de l'eau et

différentes plantes ou substances aromatiques, on fabrique certains parfums, certains médicaments connus sous le nom d'*eaux distillées*, par exemple l'eau distillée de fleur d'oranger, de menthe, etc.

7. Eaux minérales. — Les eaux minérales sont des eaux naturelles qui contiennent des substances salines ou autres en telle quantité, qu'on les reconnaît au goût, et qu'elles sont utilisées en médecine. Les eaux minérales sont chaudes ou froides. Les eaux minérales chaudes sont appelées *eaux thermales*.

Les eaux minérales *alcalines* contiennent du bicarbonate de soude (Vichy, Vals, etc.).

Les eaux *salines* contiennent du sel marin ou d'autres sels (Bourbonne, Plombières, etc.).

Les eaux *ferrugineuses* contiennent des composés ferrugineux (Forges, Bussang, etc.).

Les eaux *sulfureuses* ont une odeur d'œufs pourris et contiennent des sulfures, de l'hydrogène sulfuré (Barèges, Enghien, Aix-les-Bains).

Les eaux minérales *gazeuses* sont mousseuses et piquantes (Saint-Galmier).

On fabrique des eaux *gazeuses* artificielles pour remplacer ces dernières[1]. — L'eau gazeuse est une boisson agréable et saine pendant les chaleurs : elle excite l'appétit, et facilite la digestion.

On emploie les eaux minérales en boissons, en bains, en douches, dans les suites de blessures, dans les maladies de la peau, dans les maladies internes de longue durée.

Questionnaire.

1. Quelles sont les propriétés de l'hydrogène ? —A quoi l'emploie-t-on? — Comment peut-on le préparer?

2. L'eau est-elle un corps simple? — Peut-on la produire artificiellement?— Est-elle pure dans la nature ?

3. Que contient l'eau de mer ?

4. Qu'appelle-t-on eau douce?—Quelles sont les diverses espèces d'eaux douces?—En quoi se distingue l'eau de puits ?

5. Comment peut-on analyser l'eau? Quelles qualités doit présenter l'eau potable? — Comment purifie-t-on l'eau?

6. Qu'appelle-t-on eau distillée? — La distilla-

1. Voyez plus loin, chap. v.

tion ne sert-elle qu'à purifier l'eau ?

7. Qu'appelle-t-on eau minérale?—Quelles sont les principales espèces d'eaux minérales ?

=====

CHAPITRE IV.

Combinaisons de l'azote. — Acide azotique.— Ammoniaque. — Composés de l'ammoniaque. — Cyanogène.

L'azote se combine avec l'oxygène pour former plusieurs corps, dont l'un est surtout employé : c'est l'*acide azotique.*

1. Acide azotique. — Il est nommé aussi *acide nitrique* ou *eau-forte, esprit-de-nitre.*

C'est un liquide transparent, jaunâtre, d'une odeur forte, colorant en jaune la peau, la laine, la soie, et répandant des vapeurs brunes suffocantes quand on le verse sur le cuivre rouge ou sur l'étain. Il attaque, du reste, tous les métaux. C'est un poison corrosif très dangereux.

On le prépare dans l'industrie en chauffant ensemble, dans une chaudière de fonte, A, du nitre et de l'acide sulfurique (*fig.* 5).

L'acide nitrique se dégage en vapeurs et se rend dans des bonbonnes ou grosses cruches

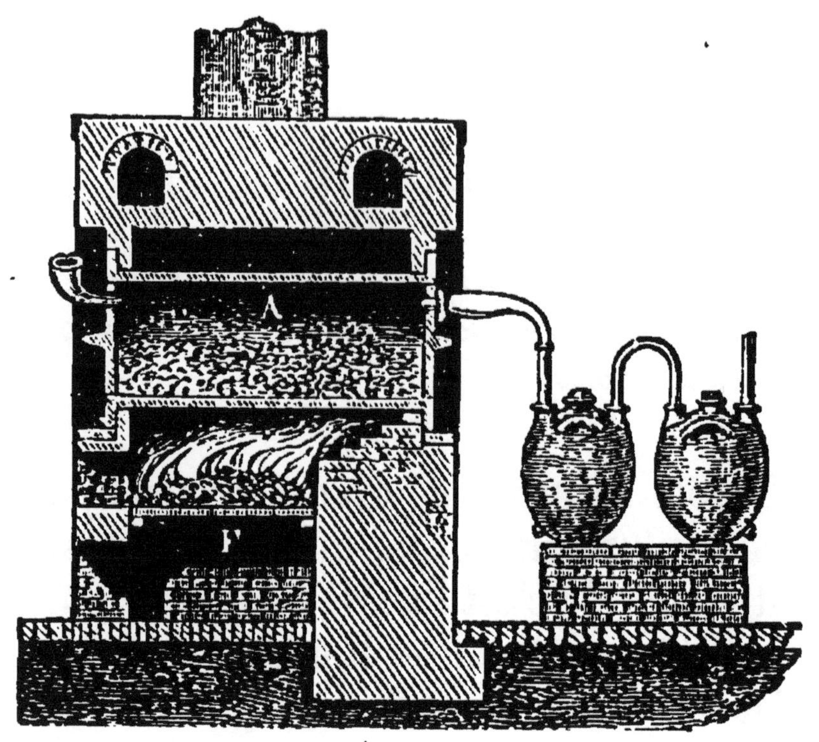

Fig. 5. — Appareil pour fabriquer l'acide azotique.

de grès, où il se condense, et se dissout dans l'eau.

L'acide azotique est employé à l'essai des monnaies, à l'affinage de l'or et de l'argent, à la préparation des alliages, à la gravure sur cuivre, dite *gravure à l'eau-forte*. Il sert aussi à teindre la soie, la laine, les plumes, et à préparer plusieurs produits chimiques, entre autres le *coton-poudre* ou *fulmicoton :* c'est une substance explosible qui peut remplacer la poudre à canon dans les armes à feu. C'est avec le coton-poudre dissous dans l'éther qu'on obtient le *collodion*, sorte de vernis usité en médecine et en photographie.

L'eau seconde est un mélange de 1 partie d'eau-forte avec 2 parties d'eau. Elle est employée dans la menuiserie, dans la chapellerie, etc.

2. Ammoniaque. — L'azote combiné avec l'hydrogène forme un gaz nommé *ammoniaque*, extrêmement soluble dans l'eau. C'est à cette dissolution qu'on donne vulgairement le nom d'*ammoniaque liquide*, d'*alcali volatil.* On la nomme ainsi parce qu'elle perd rapidement sa force en se volatilisant.

L'ammoniaque est un liquide sans couleur, limpide, d'une odeur très âcre et piquante, provoquant les larmes. Il ramène au bleu le tournesol rougi par les acides, avec lesquels il se combine pour former des sels, comme un oxyde ordinaire.

Le gaz ammoniac pur fortement comprimé passe à l'état liquide. Si ce liquide cesse d'être comprimé, il repasse à l'état de gaz en produisant un grand froid. Cette propriété est maintenant utilisée dans l'industrie pour fabriquer artificiellement de la glace en quantité considérable à l'aide de certains appareils.

Ce gaz se produit naturellement par la décomposition des matières animales et végétales. C'est ainsi qu'il se dégage du fumier, des fosses d'aisances, de l'urine putréfiée.

Pour préparer l'ammoniaque liquide, on

Fig. 6. — Appareil de Wolf.

introduit dans un vase fermé de la chaux
vive et du sel ammoniac réduits en poudre.
Le mélange chauffé dégage le gaz ammoniac, qui se rend par des tubes dans une
suite de flacons remplis d'eau, dans laquelle
il se dissout. Cet appareil se nomme *appareil de Wolf* (*fig.* 6).

L'ammoniaque est un poison violent,
qu'on emploie en médecine pour cauté-
riser les piqûres faites par les animaux ve-
nimeux; dans l'art vétérinaire, contre la
météorisation des bestiaux[1]; dans la teinture et le dégraissage des étoffes.

3. Sels d'ammoniaque. — On les obtient
dans l'industrie en calcinant dans des vases
de fonte les matières animales, telles que
cornes, os, urines putréfiées.

On purifie le produit de la distillation,
puis on le combine avec différents corps,
pour avoir les divers sels d'ammoniaque
employés dans les arts.

Le sulfate d'ammoniaque est employé en
nature comme engrais. Le sulfate d'ammo-

---

1. Voyez notre *Petite Hygiène*, chap. xiv; et
notre *Petite Agriculture*, chap. iv.

niaque est employé à la préparation des différents composés ammoniacaux. Le carbonate est usité dans la pâtisserie pour rendre les pâtes légères et poreuses, et dans la préparation du carbonate de soude. Renfermé dans de petits flacons pour être respiré, le carbonate d'ammoniaque a le nom de *sel volatil d'Angleterre.*

On peut aussi extraire les sels ammoniacaux des eaux de condensation où se déposent les produits de distillation de la houille dans les usines à gaz.

4. Chlorure d'ammoniaque. — Ce sel, nommé aussi simplement *sel ammoniac* dans le commerce, est blanc, d'une saveur piquante.

Il sert à décaper les métaux, c'est-à-dire à rendre leur surface nette et brillante, quand on veut les étamer, les souder; on l'emploie en médecine et dans la teinture.

5. Les sels ammoniacaux ont une grande importance en agriculture, car ils font partie de tous les engrais. Ainsi, le fumier, le guano, la poudrette, la colombine, en contiennent de fortes proportions. Le plâtre, répandu sur le fumier et dans les étables,

a l'avantage de fixer le gaz ammoniac et de l'empêcher de se perdre dans l'air.

6. Cyanogène. — Ce corps gazeux résulte de la combinaison du carbone et de l'azote. Il a une odeur vive et pénétrante et brûle avec une flamme pourpre qui le caractérise. Le cyanogène se comporte comme un corps simple dans ses combinaisons avec les métaux, avec lesquels il forme des composés nommés *cyanures*.

Combiné avec l'hydrogène, le cyanogène forme l'acide *prussique* ou *cyanhydrique*, le plus violent de tous les poisons. Son odeur seule suffit à incommoder gravement; une goutte d'acide prussique mise sur la langue d'un chien le tue instantanément.

Questionnaire.

1. Quelle est la principale combinaison de l'azote et de l'oxygène? —Comment prépare-t-on l'acide nitrique?—Quels en sont les usages?

2. Qu'est-ce que l'ammoniaque? — À quoi la reconnaît-on? — Où se produit-elle?--Comment prépare-t-on l'ammoniaque liquide?— Quel est l'emploi du gaz ammoniac pur?

3. D'où se tirent les sels d'ammoniaque?

4. A quoi sert le sel ammoniac?

5. Comment les sels ammoniacaux sont-ils employés en agriculture?

6. Qu'est-ce que le cyanogène ? Quels en sont les composés?

CHAPITRE V.

Carbone. — Différentes espèces de charbon. — Oxyde de carbone. — Acide carbonique. — Eau gazeuse. — Sulfure de carbone.

1. Carbone. — Le *carbone* est un corps simple, qui se trouve dans la nature sous plusieurs états bien différents : car c'est ce corps qui forme le *charbon ordinaire* ou *charbon végétal*, le *noir de fumée*, le *noir animal*, le *graphite* ou *plombagine*, enfin, le *diamant*. Ces diverses variétés de carbone diffèrent autant par leurs caractères que par leurs usages.

2. Charbon végétal. — On prépare en grand ce charbon dans les forêts, en mettant le feu à des meules de menu bois, qu'on recouvre de sable ou de terre. La combustion se fait ainsi lentement et sans flamme, et

2.

après plusieurs jours le bois est transformé en charbon ou *carbonisé*.

Ce charbon absorbe les gaz et les mauvaises odeurs : aussi est-il employé comme désinfectant autour des substances en décomposition. Il enlève son odeur à la viande faisandée et désinfecte les matières fécales. On l'emploie dans les filtres destinés à purifier l'eau impure (*fig*. 7). Il peut servir aussi à décolorer ou clarifier certains liquides. C'est du charbon végétal réduit en poudre que l'on se sert pour fabriquer la poudre à tirer.

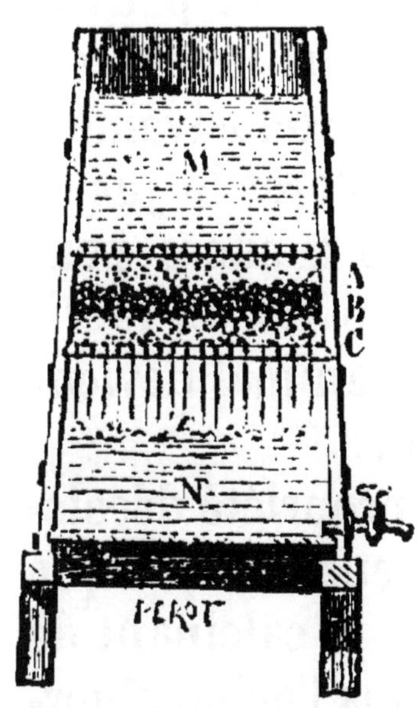

Fig. 7. — La poussière de charbon est placée en B entre deux couches de sable A et C, maintenues entre deux planchers percés de trous. L'eau, versée en M, filtre lentement et s'amasse au fond N de la fontaine.

3. Charbon animal. — Ce charbon, nommé aussi *noir d'ivoire* ou *noir animal*, n'est point du carbone pur ; il retient des substances étrangères provenant de sa fabrication.

On le prépare en calcinant des os et des rognures d'ivoire dans des chaudières chauffées au rouge, et en les réduisant en poudre quand ils sont carbonisés.

Cette espèce de charbon a un pouvoir décolorant plus grand que tous les autres : aussi est-il employé presque exclusivement à clarifier les sirops, à décolorer le jus de betterave ou le jus de canne à sucre pour faire cristalliser le sucre. Le vin ou le vinaigre filtrés sur du noir animal deviennent incolores comme l'eau.

Le noir animal perd sa propriété décolorante quand il a servi pendant quelque temps. On la lui rend en le calcinant de nouveau ou en le lavant dans l'acide chlorhydrique étendu : on dit alors qu'il est revivifié. Il est employé dans l'impression des tissus.

Le noir animal est un excellent engrais pour l'agriculture, à cause des sels de chaux provenant des os et des matières azotées qu'il retient après leur calcination. On fabrique, sous le nom de *noir animalisé*, un engrais composé de terre végétale carbonisée, mélangée avec des matières fécales ou avec des débris d'animaux tirés des abattoirs, desséchés et réduits en poudre.

4. Noir de fumée. — Cette espèce de charbon est en poudre très fine et très légère. On prépare avec le noir de fumée les couleurs noires de la peinture à l'huile, le crayon noir des dessinateurs, l'encre de Chine, l'encre d'imprimerie, les cirages.

On l'obtient en brûlant lentement et incomplètement des huiles, des résines. L'épaisse fumée noire qui se produit dépose le noir de fumée sur des toiles tendues audessus du foyer, et qu'il suffit de secouer pour l'avoir en poudre.

5. Graphite. — Le *graphite*, nommé aussi improprement *mine de plomb*, *plombagine*, ne contient pas un atome de plomb et se compose de carbone presque pur. Il se trouve dans la nature.

C'est avec le graphite qu'on fabrique les crayons à la plombagine. On l'emploie à recouvrir les objets de fer et de fonte pour les préserver de la rouille; à couvrir les moules dans la galvanoplastie[1]; à adoucir

1. Voyez notre *Petite Physique* chap. xxxii.

les frottements des machines; à fabriquer des creusets infusibles.

6. Oxyde de carbone. — Le charbon en brûlant à l'air produit deux gaz dangereux, qui peuvent tous deux, si on les respire, amener l'asphyxie; ce sont : le gaz *oxyde de carbone* et le gaz *acide carbonique.*

C'est l'oxyde de carbone qui en brûlant forme la flamme bleue que l'on voit sur les charbons allumés, sur le coke en combustion. Il se produit principalement quand le tirage d'un poêle, d'un réchaud, d'une cheminée est insuffisant.

C'est un gaz extrêmement vénéneux, qui donne la mort quand l'air en contient 1 ou 2 parties pour 100 : c'est ce gaz surtout qui produit l'asphyxie par le charbon.

7. L'acide carbonique est un gaz sans couleur, plus lourd que l'air, d'une odeur et d'une saveur un peu piquantes, pouvant déterminer l'asphyxie, mais moins dangereux cependant que l'oxyde de carbone : car un chien périt plus vite dans un air contenant 3 pour 100 d'oxyde de carbone que dans un autre contenant 30 pour 100 d'acide carbonique. Il se dissout dans l'eau, le vin, les liquides en général, et leur donne, avec une saveur piquante, la propriété de mousser, de pétiller, qu'on trouve dans la bière, le champagne, etc.

C'est ce gaz, en un mot, qui rend toutes les boissons *gazeuses*. Les sels que forme l'acide carbonique, ou *carbonates*, ont tous pour caractère de faire *effervescence*, c'est-à-dire de dégager une mousse abondante quand on verse dessus quelques gouttes d'un acide[1].

L'acide carbonique existe dans les eaux minérales gazeuses; il se produit dans les cuves où fermente la bière, le vin nouveau; on le trouve quelquefois dans les puits, les fosses fermées; enfin, il se dégage par la respiration de l'homme et des animaux, par la combustion du bois, des matières éclairantes.

Le danger qui résulte de la présence de ce gaz nécessite certaines précautions de la part de ceux qui veulent pénétrer dans les lieux où il se produit.

---

1. On peut le voir facilement avec de la craie et du vinaigre, ou avec une pierre calcaire quelconque et un acide plus concentré.

Quand on ne peut pas chasser ce gaz malfaisant, en établissant des courants d'air, il faut projeter, dans les puits et les fosses où il se trouve, de la chaux vive ou du lait de chaux, de l'ammoniaque.

Le gaz acide carbonique éteint les lumières allumées et révèle ainsi sûrement sa présence : il ne faut donc pénétrer dans les lieux où il existe que lorsqu'une lumière allumée ne s'y éteint plus ; il n'a d'autre usage dans l'industrie que la fabrication de la céruse.

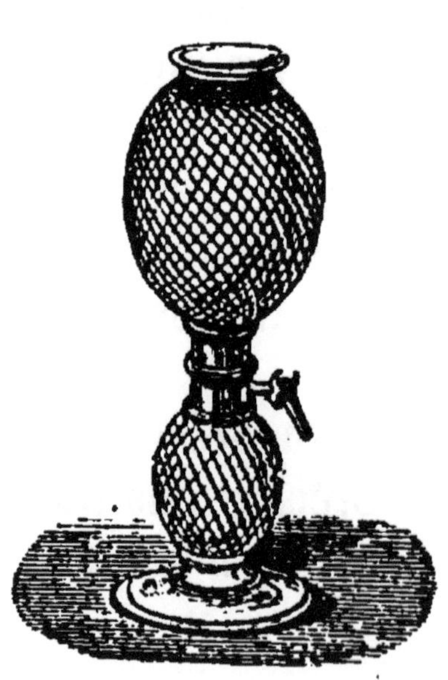

Fig. 8. — Appareil pour fabriquer l'eau de seltz.

L'eau gazeuse, nommée quelquefois *eau de seltz artificielle,* est de l'eau chargée d'acide carbonique : elle se prépare, comme boisson agréable, dans les ménages ou en grand dans l'industrie.

On se sert, pour les usages domestiques, de petits appareils (*fig.* 8), où l'on fabrique l'acide carbonique avec un acide végétal, l'*acide tartrique*, et un sel, le *bicarbonate de soude*. Le gaz produit se dissout dans l'eau, ne pouvant s'échapper au dehors.

Le même appareil peut servir à convertir le vin blanc ordinaire en vin mousseux comme le vin de Champagne.

Dans l'industrie, on prépare l'eau et les boissons gazeuses au moyen d'un appareil beaucoup plus compliqué. L'acide carbonique est produit au moyen d'un mélange d'acide sulfurique et de craie. A l'aide d'une pompe foulante, on force l'eau à dissoudre une quantité considérable de gaz. Aussi, dès que le vase qui contient les boissons gazeuses est ouvert, le gaz acide carbonique se dégage avec force en faisant pétiller et mousser le liquide.

8. Sulfure de carbone. — Le *sulfure de carbone* est un liquide incolore, d'une odeur très désagréable, se volatilisant rapidement à l'air, inflammable, qu'on emploie à extraire les corps gras, les essences, les parfums, et à vulcaniser le caoutchouc[1].

1. Voyez chap. XXIV.

Questionnaire.

1. Sous quelles formes trouve-t-on le carbone ?

2. Comment prépare-t-on le charbon ? — A quoi sert le charbon végétal ? — Comment sont disposés les filtres au charbon ?

3. Qu'appelle-t-on noir animal ? — Quels sont les usages du noir animal ?

4. A quoi sert le noir de fumée ? — Comment le fait-on ?

5. Qu'est-ce que le graphite ?

6. Quels gaz produit le charbon en brûlant ?

7. Quelles sont les propriétés du gaz acide carbonique ? — Où se forme-t-il ? — Comment en reconnaît-on la présence ? — Comment peut-on s'en préserver ? — Comment l'eau gazeuse se prépare-t-elle ?

8. Qu'est-ce que le sulfure de carbone ? — Quels en sont les usages ?

CHAPITRE VI.

Hydrogène protocarboné (grisou). — Hydrogène bicarboné. — Gaz de l'éclairage. — Hydrogène phosphoré.

1. L'hydrogène en se combinant avec l'oxygène forme l'eau ; en se combinant avec le carbone, il forme deux gaz inflamma-

bles : *l'hydrogène protocarboné* et *l'hydrogène bicarboné.*

2. Hydrogène protocarboné. — Ce gaz est sans couleur et brûle avec une flamme bleue. Il se détache en grosses bulles quand on remue la vase des eaux stagnantes : de là vient le nom qu'il porte de *gaz des marais.*

L'hydrogène protocarboné se produit aussi naturellement dans les houillères, où on lui donne le nom de *grisou.* Là, au contact des lumières, il occasionne des explosions très dangereuses. Pour les prévenir, pour empêcher le *grisou* de s'enflammer, les mineurs ne doivent se servir que de *lampes de sûreté* ou *lampes de Davy* (*fig.* 9.) Cette espèce de lampe est entourée d'une toile métallique, qui empêche la flamme

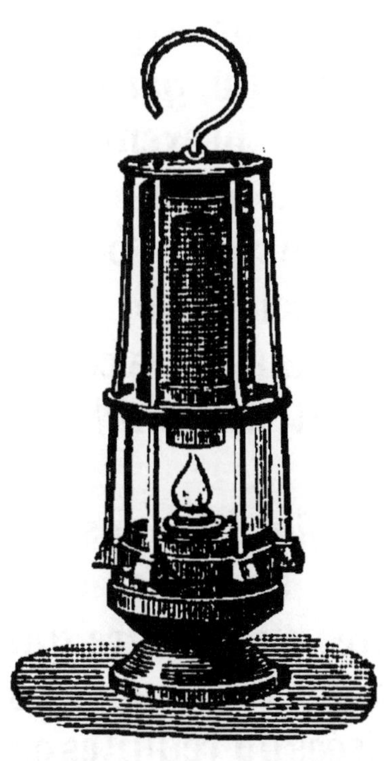

Fig. 9.—Lampe de sûreté des mineurs.

de se communiquer au grisou, et qui laisse au mineur le temps de se retirer, dès qu'il reconnaît la présence de ce gaz.

3. Hydrogène bicarboné. — C'est l'hydrogène bicarboné qui forme en partie le *gaz de l'éclairage*. Ce gaz est sans couleur, d'une odeur particulière, et brûle avec une flamme blanche, en donnant une lumière très vive. Quand le gaz de l'éclairage est mélangé avec l'air dans un lieu fermé, il prend feu si l'on entre avec une lumière, et produit en même temps une explosion dangereuse, analogue à celle du *grisou*. Il est donc très important de prévenir les fuites de gaz, et il faut s'abstenir de pénétrer avec du feu dans un lieu où l'odorat révèle la présence du gaz d'éclairage.

4. Gaz de l'éclairage. — On prépare ce gaz dans les usines en distillant la houille ou certains bitumes.

La houille est introduite (*fig.* 10) dans des cylindres de fonte ou dans de vastes cornues *c* en terre réfractaire, c'est-à-dire qui résiste au feu. On les chauffe fortement : les gaz et les matières volatilisées ou réduites en vapeur par la chaleur du foyer se rendent,

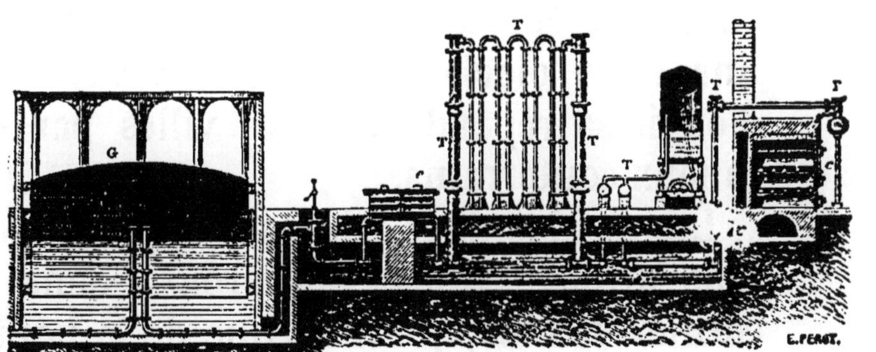

Fig. 10. — Appareil pour fabriquer le gaz d'éclairage.

c cornues ; T T T tubes de circulation du gaz ; e épurateur ; G gazomètre.

par des tubes fermés, T, dans des cylindres à moitié remplis d'eau, où se déposent le goudron et les produits ammoniacaux. Ces eaux sont appelées *eaux de condensation* ou *eaux ammoniacales*. Le gaz traverse ensuite des caisses de fonte, *e*, nommées *épurateurs*, qui contiennent des plâtras, de la chaux, des sels métalliques. Ces substances achèvent de le purifier, et il sort enfin des épurateurs pour se rendre dans une vaste cloche nommée *gazomètre*, G, d'où il se répand dans les villes par des canaux souterrains.

Les résidus de la fabrication du gaz sont tous utilisés. Ainsi, l'on trouve dans les cornues le *coke*, qui n'est que de la houille soumise à la distillation, et qui est employé comme combustible. Dans les condensateurs, on recueille le goudron[1] et les sels ammoniacaux, matières très utilisées dans l'industrie.

Le gaz de l'éclairage, employé surtout pour l'éclairage des villes et des usines, est maintenant appliqué, dans certaines loca-

---

1. Voyez notre *Petite Physique*, chap. **xxi**.

lités, au chauffage des appartements et des cuisines. Il sert aussi à mettre en action les *machines à gaz* ou à *air dilaté*[1]. En raison de son prix peu élevé, on l'emploie en général, préférablement à l'hydrogène, pour gonfler les ballons.

5. **Hydrogène phosphoré.** — Ce gaz, composé d'hydrogène et de phosphore, est sans couleur et d'une odeur d'ail. On le produit artificiellement dans les laboratoires.

Il se forme dans la nature par la décomposition des corps, dans les cimetières, par exemple; comme il s'enflamme tout seul à l'air, il donne lieu à de petites lueurs, que l'on a appelées *feux follets*[2].

Questionnaire.

1. Quelles combinaisons forme l'hydrogène avec le carbone?

2. Quels noms donne-t-on au gaz hydrogène protocarboné dans la nature?—Comment se préserve-t-on du grisou?

3. Qu'est-ce que l'hydrogène bicarboné?

4. Comment prépare-t-on le gaz d'éclairage?

1. Voyez chap. xxv.
2. Voyez notre *Petite Physique*, chap. xxix.

— Quelles sont les parties de l'appareil à fabriquer le gaz? — Quels résidus laisse la fabrication du gaz?

5. Qu'est-ce que l'hydrogène phosphoré? — Où se produit-il?

CHAPITRE VII.

Soufre. — Acide sulfureux. — Acide sulfurique. — Acide sulfhydrique.

1. Soufre. —Le *soufre* est un corps solide, jaune, cassant, brûlant avec une flamme bleue, en répandant une odeur suffocante. Le soufre chauffé lentement devient liquide et prend une couleur brune de plus en plus foncée; puis il redevient solide par le refroidissement. On ne peut le dissoudre dans l'eau, mais dans la benzine et le sulfure de carbone. Quand on le tient dans la main ou qu'on le plonge dans l'eau chaude, il fait entendre un petit bruit, qu'on appelle *cri* du soufre.

On extrait le soufre des substances pierreuses, auxquelles on le trouve réuni dans la nature, en chauffant ces substances dans des chaudières, jusqu'à ce que le soufre qu'elles renferment soit fondu et surnage. Il suffit alors de puiser le soufre et de le refroidir en le coulant dans l'eau froide.

Mais ce soufre brut contient des matières étrangères, et on est obligé de le *raffiner* pour les besoins de l'industrie. On opère le raffinage du soufre en le fondant de nouveau, et

Fig. 11. — Appareil pour raffiner le soufre.

en faisant arriver sa vapeur, D (*fig. 11*), dans une chambre en maçonnerie, A, où elle se dépose, par le refroidissement, en une poudre jaune très fine, nommée *fleur de soufre*. Pour avoir le soufre en *canons*, on chauffe la chambre où la vapeur arrive : le soufre coule à l'état liquide sur le plancher, puis au dehors, dans une chaudière, où on le puise, pour le couler dans des moules.

Le soufre sert à fabriquer des allumettes, à prendre des empreintes, à sceller le fer, à soufrer les tonneaux. Il entre dans la composition de la poudre à canon. On l'emploie en médecine dans les maladies de la peau. C'est un désinfectant énergique et économique qui assainit les locaux insalubres dans lesquels on le brûle.

C'est en saupoudrant les feuilles de la vigne avec la fleur de soufre que l'on combat la maladie nommée *oïdium*.

Le soufre, en se combinant avec l'oxygène, forme deux acides : *l'acide sulfureux* et *l'acide sulfurique*.

2. Acide sulfureux. — En brûlant à l'air, le soufre forme un gaz incolore, d'une odeur suffocante : c'est l'acide sulfureux.

Ce gaz qu'on peut dissoudre dans l'eau, est employé à blanchir la soie, la laine, les plumes, les éponges, les chapeaux de paille. Il enlève les taches des fruits rouges sur les étoffes et détruit les insectes qui attaquent le blé dans les greniers. Il empêche la putréfaction des matières animales et le développement des moisissures : aussi le soufrage des tonneaux au moyen de mèches soufrées prévient-il les altérations du vin et des liquides alcooliques.

3. **Acide sulfurique.** — L'acide sulfurique, nommé dans le commerce *huile de vitriol*, est un liquide lourd d'apparence huileuse, transparent, sans couleur ou plus ou moins brun selon sa pureté ; si l'on mêle à parties égales de l'eau et de l'acide sulfurique, le mélange s'échauffe beaucoup. C'est un acide très énergique : étendu de 1 000 fois son poids d'eau, il rougit encore la teinture de tournesol. L'acide sulfurique charbonne le bois, la laine, brûle la peau : c'est un poison corrosif dangereux.

On prépare l'acide sulfurique dans des chambres dont les parois sont entièrement garnies de feuilles de plomb (*fig.* 12). On fait

chauffer dans une chaudière, A, un mélange de nitre et de soufre, et l'on introduit

Fig. 12. — Appareil pour fabriquer l'acide sulfurique.

dans ces chambres la vapeur qui s'en dégage. Puis l'on y fait arriver un jet de vapeur d'eau, qui dissout l'acide à mesure
qu'il se forme, et qui, se condensant avec
cet acide sur le plancher, s'écoule au dehors.

C'est alors un acide faible, que l'on concentre en le chauffant dans des vases de
platine.

L'acide sulfurique de Saxe, acide fumant,

acide de Nordhausen, est le plus concentré qui soit dans le commerce.

Les usages de l'acide sulfurique sont si nombreux, qu'on en consomme en France 80 000 000 de kilogrammes par an. Il sert à la fabrication de nombreux produits chimiques, entre autres, de l'alun, des acides, de la soude artificielle, de l'iode, du chlore.

Il sert encore à décaper les métaux, à affiner les métaux précieux, à épurer les huiles d'éclairage, à dissoudre l'indigo en teinture, à teindre en noir. C'est à l'aide de l'acide sulfurique que l'on fabrique les bougies stéariques, et que l'on fait la glucose.

Étendu d'une grande quantité d'eau, on l'emploie quelquefois en agriculture pour arroser les sols très calcaires.

4. Acide sulfhydrique. — Nommé aussi *hydrogène sulfuré*, à cause de sa composition, l'acide sulfhydrique est un gaz infect, à odeur d'œufs pourris, très dangereux à respirer, car $\frac{1}{800}$ de ce gaz dans l'air suffit à tuer un chien. Il noircit les métaux : ainsi, les œufs, qui en contiennent une très petite quantité, noircissent l'argenterie; les boiseries peintes avec des couleurs qui proviennent du plomb deviennent noires par la présence de l'hydrogène sulfuré.

Ce gaz existe dans les eaux minérales *sulfureuses*. Il se produit souvent en grande quantité dans les fosses d'aisances et les égouts, où les vidangeurs, qui en redoutent avec raison la présence, lui ont donné le nom de *plomb* ou *mitte*. — Ce gaz étant inflammable, il est dangereux de jeter dans les fosses d'aisance des corps enflammés, qui peuvent y occasionner des explosions.

Quand un homme est asphyxié par l'hydrogène sulfuré, il faut lui faire respirer avec précaution un mélange de vinaigre et de chlorure de chaux contenu dans un peu de linge.

L'hydrogène sulfuré n'a d'autre usage que de servir de réactif en chimie. C'est à sa présence dans les eaux minérales sulfureuses que ces eaux doivent les propriétés qui les font employer en médecine.

Questionnaire.

1. Qu'est-ce que le soufre?—Quelles en sont les propriétés? — Comment extrait-on le soufre? — Comment se fait le raffinage du soufre?

—Quels en sont les usages? 2. Comment se produit l'acide sulfureux? — A quoi est-il employé? 3. Comment reconnaît-on l'acide sulfurique?— Quelle en est la préparation ? — Quels en sont les usages? 4. Qu'est-ce que l'acide sulfhydrique ? — Quelle est son action sur les métaux? — Où se produit-il ? Comment peut-on en combattre les effets?

CHAPITRE VIII.

Phosphore. — Acide phosphorique. — Phosphates. — Silicium. — Silice. — Bore.

1. Phosphore. — Le *phosphore*, quand il est pur, est un corps transparent, jaunâtre, mou comme de la cire. Exposé à l'air, il exhale une odeur d'ail et dégage une fumée blanche. Il répand une lueur dans l'obscurité, s'enflamme au moindre frottement et brûle avec une flamme vive. C'est un corps dangereux à manier.

Le phosphore brûle parfaitement sous l'eau tiède. Il suffit d'y faire arriver un courant d'oxygène pour voir des flammes se produire au sein du liquide.

On le conserve dans l'eau, sous forme de baguettes blanches cylindriques. — Le phosphore ne peut exister à l'état libre ou pur; il se tire des os des animaux, qui en contiennent une quantité notable à l'état de phosphate de chaux.

C'est avec du phosphore, de la gomme et des matières colorantes, que l'on fabrique la composition inflammable qui garnit les allumettes chimiques. On fait encore avec le phosphore une *pâte phosphorée* destinée à détruire les animaux nuisibles.

Le phosphore étant en même temps dangereux à manier et vénéneux pour les ouvriers qui le préparent, on emploie maintenant une nouvelle préparation, le *phosphore rouge* ou *amorphe*, qui n'a point les inconvénients du phosphore ordinaire.

2. Acide phosphorique. — En brûlant à l'air, le phosphore produit des fumées blanches, qui ne sont autre chose que l'acide *phosphorique*. Les sels formés par cet acide avec la chaux, la soude, la magnésie, sont très répandus dans les trois règnes.

Les animaux puisent le phosphate de chaux que contiennent leurs os dans les végétaux dont ils se nourrissent; les végétaux le puisent eux-mêmes dans le sol. Voilà pourquoi il faut rendre sans cesse au sol le phosphore ou plutôt les phosphates que les végétaux lui enlèvent. C'est ce que l'on a fait en agriculture par l'emploi de certains engrais riches en ces sortes de sels : tels sont le guano, la poudrette, l'urine, le noir animal, les os pulvérisés.

Il existe, en effet, dans certaines localités des dépôts naturels d'où l'on extrait de la terre le *phosphate de chaux*. Avec le phosphate de chaux réduit en poudre et l'acide sulfurique, on prépare un engrais très actif, qui se vend sous le nom de *superphosphate*, et qu'on emploie mêlé au fumier pour les céréales.

3. **Silicium**. — Ce métalloïde, sans usage quand il est pur, forme avec l'oxygène un acide, l'acide *silicique*, plus connu sous le nom de *silice*.

4. **Silice**. — La silice est un des corps les plus répandus dans la nature [1]. Elle forme le silex, le quartz, le sable. Le cristal de

1. Voir notre *Petite Histoire Naturelle*, chap. v.

roche est de la silice pure. Combinée avec divers oxydes, la silice forme des *silicates*, qu'on trouve dans la plupart des roches. Autrefois on l'appelait *terre vitrifiable*, parce que c'est avec le sable pur ou silice qu'on fait le verre.

La silice existe en abondance dans certains végétaux : la cendre de paille de blé en contient 60 parties sur 100. Les plantes tirent la silice du sol et surtout de ses parties argileuses. La chaux, rendant cette silice soluble, permet aux végétaux de l'absorber. C'est ainsi que s'expliquent les bons effets du *chaulage*[1] dans les terres fortes.

La silice et les silicates entrent dans la composition du verre, du cristal, des mortiers, des poteries. Nous parlerons plus loin de la *silicatisation*.

La silice dissout les oxydes métalliques : c'est pourquoi les forgerons saupoudrent de sable les pièces de fer qu'ils veulent souder. Ils font ainsi disparaître la rouille ou oxyde de fer qui empêcherait les deux surfaces du métal de se souder exactement.

1. Voir notre *Petite Agriculture*, chap. ix.

5. Bore. — Ce métalloïde a beaucoup d'analogie avec le silicium. Inusité quand il est pur, il forme avec l'oxygène l'acide *borique*, qu'on trouve dans certaines sources ou dans certains lacs sous forme de borate de soude.

L'acide borique entre dans la composition de certains verres; on imprègne d'acide borique les mèches des bougies. Cette substance est employée en médecine.

Questionnaire.

1. Quelles sont les propriétés du phosphore? — D'où le tire-t-on? Quels en sont les usages? — D'où provient le phosphore que contient le corps des animaux? — D'où provient celui des plantes? — Pourquoi l'emploie-t-on comme engrais? Quels sont les engrais qui contiennent des phosphates?

2. Comment l'acide phosphorique se retrouve-t-il dans la nature?

3. Qu'est-ce que le silicium?

4. De quoi est formée la silice? — Sous quelles formes existe-t-elle dans le règne minéral? — Les plantes en contiennent-elles? — D'où tirent-elles la silice? — Comment le chaulage agit-il dans les terres fortes? — La silice a-t-elle des usages industriels?

5. Qu'est-ce que le bore? Sous quelle forme est-il employé?

CHAPITRE IX.

Chlore. — Acide chlorhydrique. — Chlorures. Brome. — Iode. — Fluor.

1. Chlore. — Le *chlore* est un gaz de couleur verdâtre, deux fois plus lourd que l'air, d'une odeur suffocante et dangereux à respirer; il se combine vivement avec les métaux et avec l'hydrogène. Dissous dans l'eau, il forme l'eau *chlorée.*

Le chlore gazeux ou dissous a la propriété de détruire toutes les matières colorantes végétales. On a utilisé pour cette raison le chlore pour le blanchiment des toiles et de la pâte de papier. Il fallait autrefois plusieurs semaines d'exposition sur le gazon au soleil et à la rosée pour blanchir les toiles; on obtient aujourd'hui le même résultat en quelques heures avec le chlore et les chlorures, qu'on emploie de préférence parce qu'ils sont plus faciles à préparer, à conserver et à transporter; mais le chlore détruit les tissus de laine et de soie. Le chlore est un désinfectant puissant : aussi est-il employé pour décomposer les gaz infects, pour détruire les émanations dangereuses des fosses d'aisances, des hôpitaux, des matières en décomposition.

On peut préparer le chlore gazeux en versant dans une assiette creuse de l'acide *chlorhydrique* sur du peroxyde de manganèse. Si l'on veut avoir de l'*eau de chlore* ou eau cholrée, on se sert de l'appareil de Wolf[1].

2. Acide chlorhydrique. — Le chlore combiné avec l'hydrogène forme un acide gazeux, lequel se dissout dans l'eau, qui en retient 480 fois son volume. C'est à ce liquide qu'on donne le nom d'*acide chlorhydrique, acide hydrochlorique, acide muriatique, esprit-de-sel.* L'acide chlorhydrique, tel qu'on le trouve dans le commerce, est un liquide transparent, jaunâtre, fumant à l'air et exhalant une odeur très piquante.

On le prépare au moyen du sel marin et de l'acide sulfurique, dans le même appa-

1. Voir page 34.

reil que celui avec lequel on fabrique l'acide nitrique[1].

L'acide chlorhydrique sert à préparer le chlore et les chlorures. C'est avec ce produit qu'on moire le fer-blanc, qu'on décape le fer et le zinc.

L'acide chlorhydrique est encore employé à l'extraction de la gélatine des os, à la préparation des cirages. Il sert, enfin, à dissoudre les incrustations calcaires dans les chaudières à vapeur.

En mêlant 3 parties d'acide chlorhydrique et 1 partie d'acide nitrique, on a *l'eau régale* : c'est le seul liquide qui puisse dissoudre l'or et le platine.

3. Chlorures. — Le chlore forme avec l'oxygène divers acides, dont le plus connu est l'acide *hypochloreux*. Combiné avec les métaux, cet acide produit les composés très employés auxquels on donne le nom usuel de *chlorures*, et qui, en réalité, sont des mélanges d'hypochlorite et du chlorure correspondants. Ces composés dégagent l'odeur du chlore et ont les mêmes

1. Voir page 31.

propriétés décolorantes et désinfectantes que le gaz même. Comme on peut les obtenir à un prix moins élevé, et que ces chlorures sont faciles à transporter, on les emploie plus fréquemment que le chlore même.

Le plus employé des chlorures désinfectants et décomposants est : le *chlorure de chaux*, qu'on trouve dans le commerce en poudre blanche, exhalant une forte odeur de chlore, ou bien dissous dans l'eau et exhalant la même odeur. Le chlorure de chaux sec contient 200 fois son volume de chlore gazeux. *L'eau de Javel*, qu'on reconnaît aussi à son odeur de chlore, est un *chlorure de potasse; l'eau de Labarraque* est un *chlorure de soude*.

Les chlorures sont des poisons énergiques. Ils servent, le premier surtout, à blanchir les tissus, les chiffons qui servent à la fabrication du papier, à désinfecter les lieux insalubres et les corps en décomposition.

On les prépare avec le chlore gazeux et des dissolutions de potasse, de soude ou du lait de chaux. Au moyen d'un essai chimique nommé *chlorométrie*, on peut déterminer la quantité de chlore contenue dans un chlorure.

4. **Brome.** — Ce métalloïde est un liquide brun, lourd, à odeur suffocante et insupportable. C'est un poison extrêmement dangereux.

Le brome se tire des eaux mères des salines et des marais salants, où il existe, combiné avec d'autres corps, à l'état de *bromure*.

Quelques bromures sont employés en médecine et en photographie.

5. **Iode.** — L'*iode* est un corps solide, en paillettes brillantes d'un gris d'acier. Il a une odeur semblable à celle du chlore; il tache la peau en brun et répand de belles vapeurs violettes quand on le chauffe. L'iode est un poison caustique. Ce corps est le meilleur réactif de l'amidon. Il suffit, en effet, d'un millionième d'iode dans une dissolution pour que, si l'on y verse un peu d'empois d'amidon, le liquide prenne une teinte bleue sensible. L'iode existe en abondance dans l'eau de mer, dans les éponges et dans les plantes marines. C'est

de la lessive des cendres de ces plantes qu'on tire l'iode, qui s'y trouve à l'état d'iodure.

L'iode pur et plusieurs iodures sont employés en médecine et en photographie. La *teinture d'iode* est une dissolution d'iode dans de l'esprit-de-vin.

6. **Fluor.** — Le *fluor*, qu'on n'a jamais pu isoler, forme avec l'hydrogène un acide nommé *acide fluorhydrique.* C'est un liquide sans couleur, qui répand à l'air d'abondantes fumées blanches, et qui produit dans l'eau le sifflement et la chaleur d'un fer rouge. C'est un corps des plus dangereux à manier, car il est le plus corrosif que l'on connaisse, et sa vapeur même a une action irritante.

L'acide fluorhydrique sert pour graver sur le verre. Pour cela, on recouvre le verre à graver d'un vernis sur lequel est dessinée à la pointe la figure qu'on veut obtenir. Le verre ainsi préparé est soumis à la vapeur de l'acide, qui n'attaque le verre que sur les lignes où la pointe a enlevé le vernis. C'est avec l'acide fluorhydrique que l'on grave les divisions sur la tige des thermomètres et autres instruments en verre gradués.

Questionnaire.

1. Qu'est-ce que le chlore ?—Comment utilise-t-on les propriétés du chlore ? — Quelles sont les principales propriétés du chlore?—Comment le prépare-t-on ?

2. Comment reconnaît-on l'acide chlorhydrique?— Quels noms porte-t-il dans le commerce?— Quels en sont les usages?— Qu'est-ce que l'eau régale ?

3. Y a-t-il des chlorures qui puissent remplacer le chlore ? — Citez-les.

4. Qu'est-ce que le brome ? — Est-il usité dans les arts?

5. Quels sont les caractères de l'iode?—De quel corps est-il le meilleur réactif?—D'où tire-t-on l'iode?—L'iode pur est-il usité ? — Y a-t-il des iodures employés?,

6. Quelle est la combinaison principale du fluor ? — Quelles sont les propriétés de l'acide fluorhydrique?—A quoi sert-il ? — Comment l'emploie-t-on ?

CHAPITRE X.

Métaux. — Propriétés générales.
Extraction des métaux. — Principaux métaux.

1. Métaux. — Les métaux sont des corps solides, le mercure excepté; ils sont doués d'un éclat particulier, appelé éclat métallique, et conduisent bien la chaleur et l'électricité[1]. Ils sont plus lourds que l'eau et sont généralement durs, sonores, malléables, tenaces à des degrés variables. Ils sont tous fusibles : le platine fond à plus de 1 700°, le fer à 1 500°, l'or à 1 200°, le cuivre à 1 100°, l'argent à 1 000°, le zinc à 410°, le plomb à 335°, l'étain à 228°.

2. Ce n'est pas seulement par leurs propriétés physiques que les métaux diffèrent les uns des autres. Ils ont des propriétés chimiques très différentes : ainsi, parmi les

1. Voir notre *Petite Physique*, chap. XIII et XXXII.

métaux, les uns sont employés purs à l'état de corps simples, exemples : le fer, l'or, le cuivre ; d'autres ne peuvent exister à l'air sans absorber aussitôt son oxygène et sans passer à l'état d'oxydes. Ceux-là ne sont jamais usités qu'à l'état de combinaison ; tels sont : le calcium, le sodium, le potassium, dont les oxydes bien connus sont la chaux, la soude, la potasse. Tous les métaux peuvent former des oxydes et s'unir aux acides pour former des sels. Ils s'unissent aussi aux métalloïdes, tels que le soufre, le chlore, l'iode, etc., pour former des sulfures, des chlorures, des iodures.

3. Enfin, les métaux se mélangent ou se combinent entre eux pour former des *alliages*, qui sont, en général, plus durs, plus fusibles, moins ductiles, moins tenaces que les métaux qui les forment. En alliant les métaux les uns aux autres, on crée, pour ainsi dire, des métaux nouveaux, jouissant de propriétés particulières.

Les alliages sont formés de deux, de trois ou même de quatre métaux différents.

4. On donne le nom de *métallurgie* à

cette partie de la chimie qui s'occupe de l'extraction des métaux.

On trouve rarement dans la nature les métaux à l'état natif, c'est-à-dire purs. Ils sont le plus souvent combinés avec les métalloïdes à l'état de *sulfures*, d'*oxydes*, de *carbonates*.

Quand ils sont purs, il suffit de broyer, de laver le minerai, et de faire fondre le métal.

Pour séparer les métaux des corps avec lesquels ils sont combinés, on emploie plusieurs procédés d'extraction. Ainsi, pour les oxydes et les carbonates, on les chauffe à une température élevée. L'oxygène et l'acide carbonique sont chassés par la chaleur; le métal fondu se sépare des matières terreuses.

S'il s'agit de sulfures, on les grille à l'air: le soufre se dégage en vapeurs, et le métal reste pur.

5. **Principaux métaux.** — Sur les 51 métaux aujourd'hui connus, il n'y a d'usités que les 21 métaux que nous allons énumérer. Ce sont :

1° Les métaux qui ne sont point employés purs, et qui le sont seulement à l'état d'oxydes ou d'autres combinaisons, savoir : le *potassium*, le *sodium*, le *calcium*. Ces trois métaux sont appelés métaux *alcalins*, parce que leurs oxydes, qui sont la *potasse*, la *soude*, la *chaux*, portaient autrefois le nom d'*alcalis*.

Le *cobalt*, le *chrome*, le *manganèse*, l'*arsenic* sont aussi des métaux qui ne sont usités qu'à l'état de combinaisons.

2° Les métaux employés purs ou combinés sont : le *fer*, l'*aluminium*, le *magnésium*, le *zinc*, le *nickel*, l'*étain*, l'*antimoine*, le *bismuth*, le *cuivre*, le *plomb*, le *mercure*, l'*argent*, l'*or*, le *platine*. Ces trois derniers se distinguent en ce qu'ils sont inaltérables à l'air. C'est ce qui les a fait choisir pour fabriquer les monnaies ; c'est ce qui leur donne leur valeur.

Questionnaire.

1. Quelles sont les propriétés physiques des métaux ?

2. Ont-ils des propriétés physiques différentes ? — Quelles sont leurs combinaisons ?

3. Quelles sont les propriétés des alliages ?

4. Comment trouve-

3.

t-on les métaux dans la nature ?—Comment obtient-on le métal quand il existe à l'état natif ? —Comment sépare-t-on les métaux de leurs combinaisons?

5. Combien y a-t-il de métaux ?— Combien en emploie-t-on?—Citez les métaux employés purs ou combinés.

CHAPITRE XI.

Potassium. — Ses combinaisons. — Potasse. — Carbonate. — Nitrate. — Chlorate. — Silicate. — Prussiate. — Cyanure. — Sulfure.

1. Potassium. — Le *potassium* est un métal qui ne peut être employé qu'à l'état de combinaison, parce qu'il s'oxyde immédiatement à l'air. C'est pour cette raison qu'on est obligé de le conserver dans l'huile de naphte, car il décompose énergiquement l'eau elle-même, en produisant une flamme pourpre. Dans ce cas, la potasse formée tournoie à la surface du liquide (*fig.* 13) jusqu'à ce que le potassium soit complètement oxydé.

La potasse pure est un *oxyde de potassium*. On la nomme aussi *potasse caustique* *potasse à l'alcool*. C'est une substance blanche, solide, d'une saveur très âcre et caustique, soluble dans l'eau et fondant en se liquéfiant à l'air. On l'emploie en chimie comme réactif; dans l'industrie, pour la confection des savons; en médecine, comme caustique, car elle ramollit et dissout la peau. On lui donne dans la pharmacie le nom de *potasse à la chaux*.

Fig. 13.— Combustion du potassium dans l'eau.

L'eau seconde, avec laquelle les peintres enlèvent la couleur sur les vieilles boiseries, est une dissolution faible de potasse.

La potasse est très répandue dans la nature à l'état de combinaison ou de sels dans les eaux des mers, dans les roches et dans les végétaux. C'était des végétaux qu'on tirait jusqu'ici ce qu'on nomme vulgairement *potasse* dans les arts, et ce qui n'est qu'un *carbonate de potasse* plus ou moins pur. On a découvert en Allemagne des gisements importants de chlorure de potassium.

2. Carbonate de potasse. — Le carbonate de potasse est nommé aussi *sel de tartre, alcali végétal, potasse du commerce.* C'est un sel blanc quand il est bien pur, quelquefois gris ou rougeâtre, âcre et piquant au goût. Il se dissout facilement dans l'eau et se liquéfie à l'air.

Dans l'industrie, on prépare la potasse en lessivant les cendres du bois, des plantes, ou les résidus de distillation des betteraves. On obtient aussi de la potasse en lavant les laines en *suint.* Quelle qu'en soit la provenance, on fait évaporer la lessive jusqu'à ce qu'on obtienne un résidu brun, solide, nommé *salin.* Pour purifier le salin, on le calcine, et l'on a ainsi la *potasse brute, potasse d'Amérique, de Russie, des Vosges,* etc., suivant son origine. Ce sel est encore rougeâtre et impur; c'est ainsi qu'on le vend dans le commerce. Les plus belles potasses sont blanches; on les appelle *cendres perlées* ou *perlasse.* Les *cendres gra-*

velées sont une potasse obtenue par la calcination des lies de vin.

Mais, quelle que soit la source d'où l'on extrait le carbonate de potasse, pour l'avoir blanc et tout à fait·pur, il faut le raffiner.

La potasse sert au blanchissage du linge : c'est par la potasse qu'elles contiennent, que les cendres agissent dans la lessive. On l'emploie aussi au dégraissage des laines, au chamoisage des peaux. — La potasse entre dans la composition du verre, du cristal et de plusieurs produits chimiques. — C'est avec la potasse qu'on fait les savons mous.

Les cendres, contenant les parties minérales des plantes d'où elles proviennent, sont utilement employées comme engrais. Elles doivent une partie de leurs effets à la potasse qu'elles contiennent : ce qui fait que, sous ce rapport, elles perdent une partie de leur valeur après avoir été lessivées[1]. Le

---

1. En lessivant les cendres des plantes, on reconnaît, par le poids que ces cendres ont perdu par suite de cette opération, la quantité d'alcalis (potasse ou soude) qu'elles contiennent, et par conséquent celle qu'elles doivent tirer du sol.

résidu insoluble que laissent les cendres lessivées se nomme *charrées* et s'emploie comme engrais dans les terres argileuses et tourbeuses, où le calcaire fait défaut.

3. Nitrate de potasse. — Le *nitrate* ou *azotate de potasse*, nommé communément *nitre* ou *salpêtre*, est un sel en petits cristaux blancs, d'une saveur amère et fraîche. Il a la propriété de *fuser* sur des charbons ardents.

Le nitre existe tout formé dans certains pays chauds, où, après la sécheresse, il apparaît à la surface du sol, sur lequel on le recueille. Dans les pays froids, on peut le produire dans des *nitrières* artificielles. Ce sont des terres légères mélangées de fumier ou de débris d'animaux, et qu'on expose à l'air.

Pour le préparer, on lessive les terres où il existe ; la lessive est évaporée, et le résidu est un nitre impur, que l'on raffine en le faisant de nouveau dissoudre puis *cris-*

Ainsi, la cendre d'épinards ne laisse, après le lessivage, qu'un résidu de 40 à 50 pour 100.

talliser : c'est-à-dire que, quand on chauffe et qu'on fait évaporer le liquide, le nitre se dépose en petits cristaux au fond de la chaudière.

Le salpêtre sert principalement à fabriquer la poudre à tirer, laquelle est un mélange de salpêtre, de soufre et de charbon pulvérisés. Il y a plusieurs sortes de poudre. La poudre de mine, dont on se sert dans les carrières et les mines, est la plus grossière et contient le plus de soufre et de charbon. La poudre de chasse est la plus fine et contient le plus de nitre. La poudre à canon est ainsi composée : nitre, 75 parties ; charbon, 12 parties et demie ; soufre, 12 parties et demie.

La poudre de bonne qualité doit brûler sur une feuille de papier sans laisser de résidu.

4. Chlorate de potasse. — Ce sel cristallise en petites paillettes blanches, brillantes, et fuse plus vivement que le nitre sur les charbons ardents en dégageant son oxygène. Il est employé dans la préparation des allumettes sans phosphore et sans soufre, des amorces, des feux d'artifice, des poudres fulminantes ; dans les laboratoires, on s'en sert pour produire l'oxygène.

5. **Silicate de potasse.**—Ce sel est nommé aussi *verre soluble*, parce que, dissous dans l'eau et appliqué sur le bois et les tissus, il les couvre d'un enduit semblable à du verre. Cette espèce de vernis a la propriété de les rendre incombustibles.

Le principal usage du silicate de potasse est d'être employé dans la *silicatisation*. Cette opération, usitée maintenant dans les constructions, consiste à enduire les pierres tendres et poreuses d'une dissolution concentrée de silicate de potasse. Par ce moyen, elles deviennent dures et inattaquables par les intempéries de l'air. On se sert aussi de ce sel en chirurgie, pour solidifier des pansements.

6. **Prussiate de potasse.** — Le *prussiate de potasse* est un *cyanure de fer et de potassium*. On le nomme aussi *cyanure jaune*, *lessive de sang*. C'est une substance solide, jaune, en gros cristaux agglomérés, c'est-à-dire soudés ensemble, qu'on voit fréquemment exposée à la devanture des droguistes.

On le prépare en calcinant ensemble, dans des chaudières de fonte, de la potasse du commerce et du sang ou des rognures de cuir et de corne. La matière est ensuite dissoute dans l'eau ; puis on fait évaporer ce liquide, et le cyanure cristallise.

La prussiate jaune de potasse est un réactif précieux dans les laboratoires ; il est surtout employé pour la préparation du *bleu de Prusse*. Il a la propriété de transformer en acier la couche superficielle du fer chauffé au rouge, sur lequel on l'applique.

7. Cyanure de potassium. — Le cyanure de potassium est un sel soluble dans l'eau, d'une saveur âcre et amère. C'est un poison très violent, qu'il faut manier avec précaution.

Le cyanure de potassium est très employé dans la dorure et l'argenture galvanoplastique. On s'en sert aussi dans la photographie.

8. Sulfure de potassium. — Le *foie de soufre* est un composé de soufre et de potassium, qui a l'apparence d'une pierre noirâtre, une odeur infecte, et qui sert à préparer les bains sulfureux ou bains de *barèges*.

Le sulfocarbonate de potassium est employé contre le *phylloxera*, insecte destructeur de la vigne.

Questionnaire.

1. La potasse pure est-elle employée?

2. Qu'est-ce que la potasse du commerce? — Quels en sont les caractères, et quels sont les noms qu'elle porte? —Comment prépare-t-on la potasse? — A quoi sert-elle? —Dans quelles substances entre-t-elle? — Pourquoi les cendres sont-elles employées comme engrais?

3. Qu'est-ce que le nitre?—Quelles en sont les propriétés? — D'où le tire-t-on?— Avec quelles substances fait-on la poudre? — Y a-t-il plusieurs sortes de poudre? — Combien la poudre contient-elle de salpêtre?

4. Quels sont les usages du chlorate de potasse?

5. Quels sont les usages du silicate de potasse?

6. Qu'appelle-t-on prussiate de potasse?— Avec quoi le prussiate est-il préparé? —A quoi l'emploie-t-on?

7. Qu'est-ce que le cyanure de potassium?—Quels en sont les usages?

8. Qu'est-ce que le foie de soufre? —A quoi sert-il? —A quoi sert le sulfocarbonate de potassium?

CHAPITRE XII.

Sodium; ses combinaisons. — Soude. — Carbonate, sulfate, borate, azotate de soude. — Sel ou chlorure de sodium.

1. Sodium. — Le *sodium* est un métal semblable au potassium, et qui, comme lui, ne peut exister à l'air sans s'oxyder immédiatement.

La soude pure ou *oxyde de sodium*, nommée aussi *soude caustique*, ressemble entièrement à la potasse pure par ses propriétés physiques et chimiques. C'est la soude qui, dissoute dans l'eau, forme la *lessive caustique des savonniers*.

La soude, comme la potasse, est très repandue dans la nature à l'état de combinaison. On trouve les composés de la soude, et notamment le sel marin, dans les eaux de la mer, dans les mines de sel gemme. Les composés de la soude existent encore dans certaines eaux minérales, dans certains lacs, dans les végétaux.

Ce qu'on appelle *soude* dans le commerce est un *carbonate de soude* plus ou moins pur.

2. Carbonate de soude. — Le *carbonate de soude*, appelé simplement *soude* ou *cristal de soude*, quand il est pur, est un sel blanc, en beaux cristaux volumineux, d'une saveur âcre et piquante, très soluble dans l'eau, se couvrant, à l'air, d'une poudre blanche.

Il y a deux sortes de soude dans le commerce : la *soude naturelle* et la *soude artificielle*.

La *soude naturelle* ou *soude brute* se prépare, comme la potasse, avec la lessive des cendres de plantes qui croissent au bord de la mer ou sur les terrains salés. On lui donne le nom des lieux d'où elle provient : c'est ainsi qu'on trouve des *soudes de Narbonne*, *d'Espagne*, etc.

On fabrique la *soude artificielle* en calcinant, dans un four, du charbon, de la craie et du sulfate de soude (*fig.* 14). On peut donc la préparer dans les salines comme au bord de la mer.

Le mélange, après avoir été calciné, est lavé dans l'eau. On fait évaporer vivement

cette eau par la chaleur, et on sèche le résidu dans un four, pour obtenir le produit

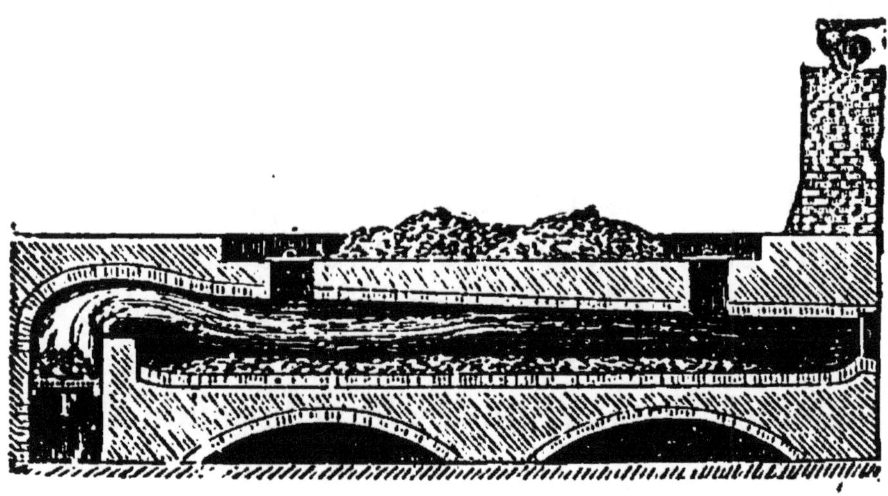

Fig. 14.
Four servant à la fabrication de la soude artificielle.

appelé *sel de soude caustique*. Si, au contraire, l'évaporation est lente, le carbonate
se dépose dans le liquide sous forme de
cristaux de soude.

Un procédé récent très avantageux par
son économie et sa rapidité, et qui, pour
cette raison, remplace l'ancien procédé,
consiste dans l'emploi du carbonate d'ammoniaque, qui forme avec le sel marin un
carbonate de soude très pur.

Les usages de la soude sont presque tous

les mêmes que ceux de la potasse. Elle est employée particulièrement à la fabrication des savons durs et du verre, au blanchiment des tissus. Comme, depuis la découverte de la fabrication artificielle de la soude, cette substance est presque moitié moins chère que la potasse, on remplace la potasse par la soude chaque fois que cela est possible.

Les soudes et les potasses du commerce étant habituellement impures, on est obligé de mesurer leur degré de pureté. Cela se fait avec l'acide sulfurique et la teinture de tournesol, dans des vases gradués nommés *alcalimètres*. On trouve facilement ainsi la quantité d'*alcali caustique* ou *carbonaté*, c'est-à-dire de soude ou de potasse caustique, de carbonate de soude ou de carbonate de potasse, que contient un liquide.

3. **Sulfate de soude.** — Le sulfate de soude est un sel en petites paillettes blanches, d'une saveur très amère.

On le prépare avec l'acide sulfurique et le sel marin.

Le sulfate de soude est employé en médecine, sous le nom de *sel de Glauber*; on s'en sert utilement dans le chaulage du blé[1]; mais son principal usage est la fabrication de la soude artificielle.

4. Borate de soude. — Ce sel, nommé aussi *borax*, est formé par la soude et par l'*acide borique.* Le borax est en gros cristaux blancs d'une saveur urineuse. Il se trouve, ainsi que l'acide borique, dans certains lacs ou certaines sources.

Le borax sert dans la soudure du fer et du cuivre, de l'or et de divers alliages. On l'emploie dans la fabrication de certaines porcelaines, et, depuis peu de temps, dans celle des glaces et des cristaux. Il est usité pour le lessivage en Belgique et en Hollande.

5. Azotate de soude. — Il est nommé dans le commerce *salpêtre du Chili,* parce qu'il existe dans ce pays en gisements étendus. En raison de son prix peu élevé, ce sel est substitué au nitre dans la préparation des produits chimiques; mais il ne peut le remplacer dans la poudre de guerre.

I. Voir notre *Petite Agriculture,* chap. XIV.

6. Sel ou chlorure de sodium. — Le *sel de cuisine* ordinaire, soit extrait des mines ou *sel gemme*, soit extrait de la mer ou *sel marin*, est un *chlorure de sodium*. Ses propriétés sont bien connues. On le reconnaît surtout à sa saveur particulière; à ce qu'il est cristallisé en petits cubes; à ce qu'il *décrépite*, c'est-à-dire qu'il produit de petits pétillements, quand on le jette sur des charbons ardents.

Le sel existe en abondance dans la nature[1]. On le trouve dans le sol, où il forme des mines puissantes, en France, en Pologne, en Espagne, dans des sources et dans l'eau de mer, qui en contient, suivant les lieux, une proportion variable et pouvant atteindre 30 grammes par litre. On en fait une consommation énorme. La France produit par an 600 millions de kilogrammes de sel.

Pour raffiner le sel marin, celui des *marais salants*, ainsi que le sel des sources salées ou des mines de sel gemme, on le fait dissoudre dans des chaudières, et l'on fait évaporer le liquide. Le sel se dépose alors en petits

1. Voir notre *Petite Histoire Naturelle*, chap. vi.

cristaux qui ont la forme de cubes réunis en forme de pyramide à quatre faces (*fig*. 15).

Fig. 15. — Cristaux de sel.

Cette opération, répétée à deux ou trois reprises, donne le sel blanc qu'on sert sur les tables. Quelquefois on concentre l'eau salée en la faisant couler sur des fagots avant de la verser dans les chaudières. Les eaux mères des marais salants, c'est-à-dire les eaux qui ont déposé le sel marin, servent encore à l'extraction du sulfate de soude, du chlorure de potassium employé comme engrais.

Le sel sert à la préparation de plusieurs produits chimiques, tels que le chlore, le sulfate de soude. On l'emploie dans le vernissage des poteries, dans la préparation des viandes salées ou *salaisons*.

Un mélange de trois parties de glace pilée avec une partie de sel donne un froid de 20 degrés au-dessous de zéro. On emploie ce mélange à *frapper* ou glacer certains aliments, certaines boissons.

Le sel est indispensable à la nourriture de l'homme, car il existe dans le sang et dans les humeurs; on le donne quelquefois avec avantage aux bestiaux. Enfin, c'est un engrais, qui doit être toutefois employé avec mesure, et qu'il est bon de mêler à une substance calcaire.

Questionnaire.

1. A quoi sert la soude pure? — D'où tire-t-on la soude et ses composés?

2. Qu'est-ce que le cristal de soude? — Combien y a-t-il d'espèces de soude dans le commerce? — Comment prépare-t-on les deux sortes de soude? — Quels sont les usages de la soude?

3. Comment reconnaît-on le sulfate de soude? — Quels en sont les usages?

4. Qu'est-ce que le bo-rax? — Où le trouve-t-on? — A quoi sert-il?

5. Qu'appelle-t-on salpêtre du Chili?

6. Qu'est-ce que le sel marin? — Où se trouve-t-il dans la nature? — L'eau de mer en contient-elle beaucoup? — Comment raffine-t-on le sel? — A quels usages est-il employé dans l'industrie, les arts, l'économie domestique, l'agriculture?

CHAPITRE XIII.

Calcium ; ses combinaisons. — Chaux. — Plâtre ou sulfate de chaux. — Carbonate, phosphate, chlorure de chaux. — Baryte.

1. Chaux. — La *chaux pure* ou *chaux vive* est un *oxyde de calcium*. C'est une substance blanche quand elle est pure, d'une saveur très caustique, qu'on trouve habituellement en morceaux durs et volumineux d'un blanc sale. Abandonnée à l'air, la chaux se *délite*, c'est-à-dire qu'elle tombe en poussière et devient un *carbonate de chaux* en absorbant l'humidité et l'acide carbonique de l'air. Il faut, pour cette raison, la conserver dans des vases fermés.

Au contact de l'eau la chaux vive s'échauffe, en produisant, comme l'eau bouillante, un sifflement et une vapeur abondante ; en absorbant l'eau, elle *foisonne* beaucoup, c'est-à-dire qu'elle augmente de volume et devient de la *chaux éteinte*.

La *chaux grasse* est plus pure ; elle foisonne beaucoup, dégage beaucoup de cha·leur par l'action de l'eau.

La *chaux maigre* contient des substances étrangères, telles que de la magnésie, du sable. Elle foisonne peu, lentement, dégage peu de chaleur. On lui préfère généralement la chaux grasse.

La chaux, combinée avec différents corps, existe dans un grand nombre de terrains et de roches sous forme de *pierre calcaire*[1], de *gypse* et de *phosphate calcaire*.

On obtient la chaux en calcinant dans des fours la *pierre à chaux* ou *pierre calcaire (fig. 16)*.

La chaux délayée avec de l'eau forme ce qu'on appelle le *lait de chaux*. C'est une espèce de bouillie claire, de couleur blanche, qui est le *badigeon*, avec lequel on blanchit les murailles, les écuries et les étables qu'ont habitées des animaux malades. On peut, avec la chaux ou le lait de chaux, assainir les fosses, les puits contenant des gaz dangereux, tels que l'acide carbonique, l'hydrogène sulfuré. On enduit d'un lait de chaux

---

1. Voir notre *Petite Histoire Naturelle*, chap. v.

le tronc des arbres fruitiers pour détruire
les insectes. On prépare l'*eau de chaux*,

Fig. 16. — Four à chaux.

employée en médecine, en laissant déposer

le lait de chaux et ensuite en tirant au clair le liquide.

Dans l'industrie, la chaux sert à la composition des mortiers, du verre. Elle sert à préparer les bougies, à raffiner le sucre, à épurer le gaz d'éclairage, à dégraisser les peaux. On peut conserver longtemps les œufs dans l'eau de chaux. Enfin, en agriculture, la chaux vive est employée au *chaulage* pour amender[1] le sol ou pour conserver le grain.

2. Plâtre ou sulfate de chaux. — Le *plâtre* est un *sulfate de chaux*, qu'on trouve dans la nature, et qu'on nomme alors *gypse* ou *pierre à plâtre*. Pour avoir le plâtre en poudre blanche, tel qu'il est employé dans les arts, il suffit de calciner la pierre à plâtre dans des fours (*fig.* **17**). Il faut conserver le plâtre à l'abri de l'humidité : car, sans cette précaution, il est vite éventé et ne *prend* plus avec l'eau.

Le plâtre gâché avec de l'eau devient solide et dur en très peu de temps. C'est ce qui l'a fait employer dans les constructions,

1. Voir notre *Petite Agriculture*, chap. ix et xiv.

dans le moulage des statues et autres objets d'art, dans les moules qui servent à la galvanoplastie.

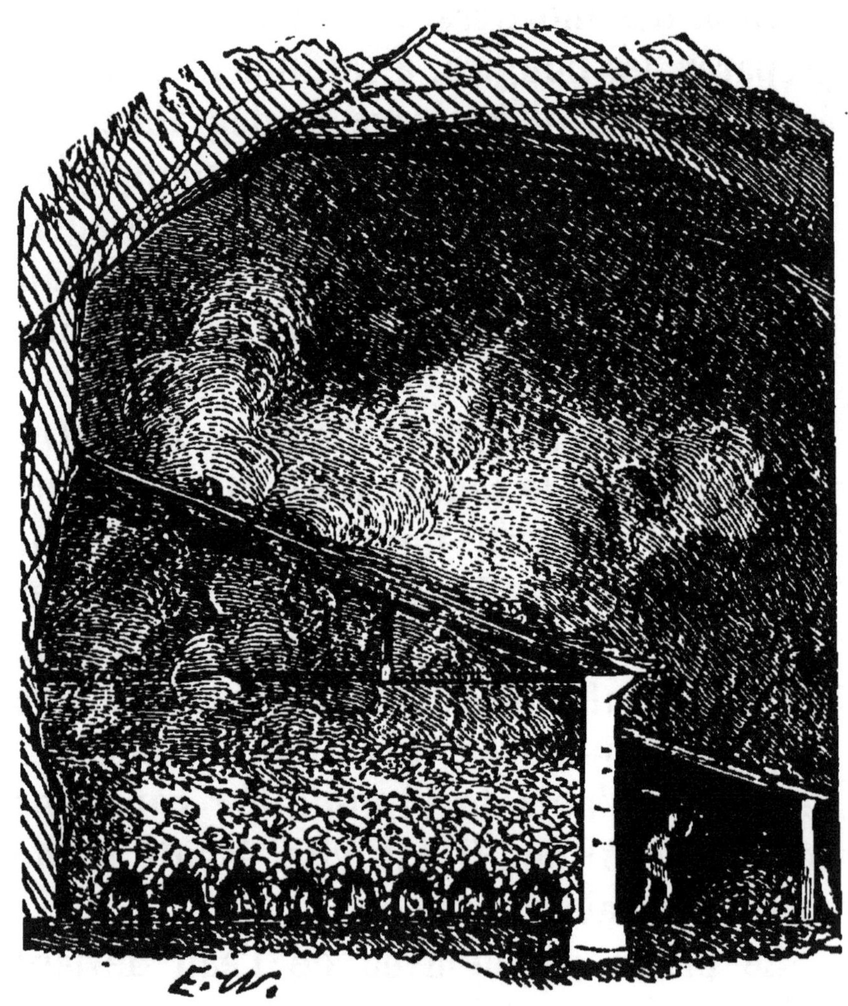

Fig. 17. — Four à plâtre.

Le plâtre est un engrais pour l'agriculture[1] ; répandu sur les fumiers et dans les étables, il fixe l'ammoniaque, qui est un engrais puissant.

Le *stuc* est un mélange de colle forte et de plâtre, auquel on peut donner des couleurs diverses, et qui, par sa dureté, est susceptible d'être poli comme le marbre. Le plâtre *aluné* ou mélangé à une dissolution d'alun possède les mêmes propriétés que le stuc. Le plâtre *stéariné*, c'est-à-dire mêlé à l'acide stéarique des bougies, sert à faire des statuettes, des médaillons, qui ont la couleur et le poli de l'ivoire.

3. **Carbonate de chaux.** — Le carbonate de chaux, pur ou mélangé avec différentes substances, forme la *craie*, la *pierre calcaire*, la *dolomie*, le *marbre*, l'*albâtre*, l'*onyx*. C'est avec la craie qu'on fabrique le *blanc de Meudon* ou *blanc d'Espagne*. Tous ces composés calcaires ont pour caractère de faire *effervescence* avec les acides. C'est la pierre calcaire ou carbonate de chaux impur qui donne aux sols calcaires leurs propriétés. Pour reconnaître sa pré-

____

1. Voir notre *Petite Agriculture*, chap. x.

sence dans une terre, il faut prendre une certaine quantité de cette terre, la cribler, la pulvériser et la faire sécher à une douce chaleur. On l'humecte ensuite avec un peu d'eau de pluie, et l'on verse sur ce mélange un peu d'acide nitrique. Il se produit une effervescence d'autant plus forte que la terre est plus calcaire; si l'effervescence n'a pas lieu, c'est que le sol analysé ne contient que peu ou point de chaux.

4. Phosphate de chaux. — Ce sel sert à préparer le phosphore. C'est un engrais dont nous avons parlé précédemment (voir chap. VIII).

5. Chlorure de chaux. — C'est une poudre blanche d'une odeur forte de chlore, employée pour désinfecter et blanchir la pâte à papier, les tissus. — Nous avons traité des chlorures au chapitre IX.

6. Baryte. — La *baryte* est l'oxyde d'un métal inusité appelé *baryum*. Les composés de la baryte sont employés dans les laboratoires; l'un d'eux, le sulfate, l'est dans l'industrie pour donner au papier du poids et de la blancheur.

Questionnaire.

1. Qu'est-ce que la chaux vive? — Quelles en sont les propriétés?— Y a-t-il plusieurs sortes de chaux? — Comment prépare-t-on la chaux? — A quoi sert le lait de chaux? — A quoi emploie-t-on la chaux dans l'agriculture, dans l'industrie?

2. Qu'est-ce que le plâtre?— Quelle en est la propriété? Quels en sont les usages?—Qu'est ce que le stuc?

3. Sous quelles formes trouve-t-on le carbonate de chaux? — Comment reconnaît-on les terres calcaires?

4. A quoi sert le phosphate de chaux?

5. A quoi sert le chlorure de chaux?

6. Qu'est-ce que la baryte?—A quoi sert-elle?

CHAPITRE XIV.

Magnésium; ses combinaisons. — Aluminium, alumine, alun. — Manganèse. — Cobalt. — Chrome.

1. Magnésium. — Le *magnésium* est un métal blanc brillant comme l'argent, mais six fois moins lourd que lui. Réduit en fil ou en lames minces, il a la propriété de pouvoir être enflammé et de brûler avec une lumière éblouissante (*fig.* 18). Un fil de

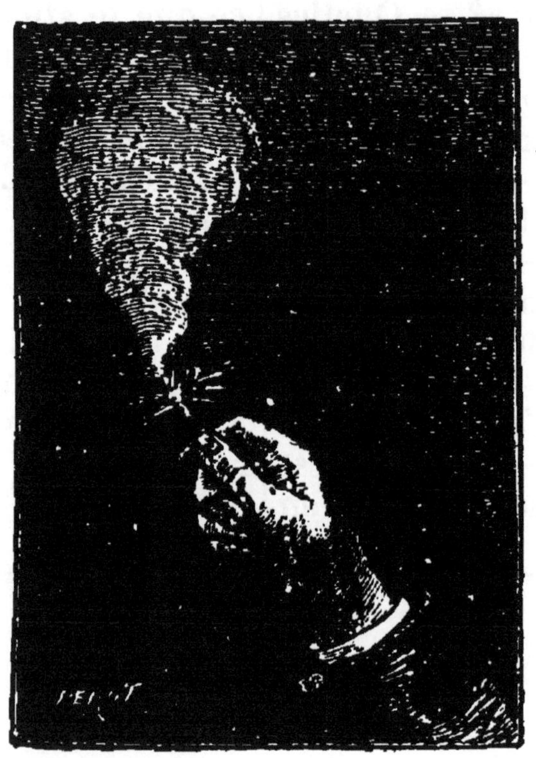

Fig. 18. — Combustion éclatante du magnésium.

magnésium donne en brûlant autant de lumière que soixante bougies.

Le magnésium existe dans la nature à l'état de combinaison, dans l'eau de mer et dans de nombreux terrains.

2. Magnésie. — *L'oxyde de magnésium* est une poudre blanche, très légère, que dans les pharmacies on appelle *magnésie calcinée.* Cette poudre est un contrepoison de l'arsenic et des acides en général[1] ; elle est usitée en médecine.

3. Sulfate de magnésie. — Ce sel est en petites paillettes blanches ; il est très amer au goût et employé en médecine seulement. On le nomme vulgairement *sel d'Epsom, sel de Sedlitz.*

4. Aluminium. — *L'aluminium* est un métal blanc grisâtre assez semblable à de l'argent, mais quatre fois moins lourd, c'est-à-dire aussi léger que le verre. Il est sonore, très ductile, très malléable, et, de plus, inaltérable par l'action de l'air et de la plupart des substances qui attaquent les métaux usuels.

Au moyen d'opérations chimiques assez compliquées, on extrait l'aluminium de l'argile, qui contient beaucoup d'alumine.

Ce métal est employé à faire des bijoux, des instruments, et, en général, les objets

---

1. Voir notre *Petite Hygiène,* chap. xvi.

qui doivent être à la fois très légers et très résistants.

L'aluminium forme avec le cuivre un alliage appelé *bronze d'aluminium*. Cet alliage, susceptible d'un beau poli, semblable à l'or, a reçu de nombreuses applications.

5. Alumine. — *L'alumine* est un oxyde d'aluminium. Cette substance est très abondante dans la nature, à l'état de combinaison. Réunie à des substances colorantes, elle entre dans la composition des pierres précieuses. Elle entre aussi dans celle de tous les sols propres à la culture. Combinée avec la silice, elle forme la base des argiles, auxquelles elle donne leur consistance particulière.

L'alumine desséchée absorbe et retient beaucoup d'eau; elle communique cette propriété aux terres argileuses, qui résistent ainsi à la sécheresse de l'air et conservent plus longtemps que d'autres sols l'eau nécessaire à la végétation. L'argile contient près du quart de son poids d'aluminium.

6. Alun. — *L'alun ordinaire* est *un sulfate d'alumine et de potasse*. C'est un sel en gros cristaux blancs, d'une saveur âpre et sucrée. Quand il est fondu en masse d'apparence vitreuse, on le nomme *alun de roche*. L'alun de *Rome* est le plus pur.

Chauffé au rouge, l'alun forme, après le refroidissement, une poudre blanche employée comme caustique : c'est l'*alun calciné*.

L'alun existe dans la nature, mais en petite quantité, et se fabrique avec de l'acide sulfurique, de la potasse et de l'argile.

L'alun ammoniacal est composé d'acide sulfurique, de potasse et d'ammoniaque. Il a le même aspect et les mêmes propriétés que le précédent, et c'est aujourd'hui le plus usité dans le commerce.

Les aluns sont employés comme *mordants*, c'est-à-dire comme servant à fixer les couleurs dans la teinture et l'impression des tissus. Ils servent aussi à encoller le papier, à préparer les peaux, à clarifier le suif, et peuvent être employés à clarifier les eaux troubles.

7. Manganèse. — Les composés de ce métal sont employés dans la fabrication de plusieurs produits chimiques.

Le *bioxyde de manganèse* est appelé *savon des verriers*, parce qu'il sert dans les verreries à purifier le verre dans les creusets où on le fond.

Le *caméléon minéral* est un composé de manganèse et de potasse, qui change de couleur par l'action des réactifs, ce qui lui a valu ce nom.

8. Cobalt. — C'est avec les composés du *cobalt* qu'on prépare les belles couleurs appelées *outremer*, *bleu de cobalt*, *smalt* ou *azur*. Cette dernière substance, formée de cobalt et de silicate de potasse, est une poudre d'un beau bleu, qui, suivant son degré de finesse, est nommé azur de premier feu, de deuxième feu, etc. Le *bleu de Thénard* est un phosphate de cobalt.

Les couleurs du cobalt servent dans la peinture à l'huile ou sur porcelaine ; dans la fabrication du papier, de l'émail. C'est avec un bleu de cobalt qu'on passe le linge au bleu. C'est avec du chlorure de cobalt qu'on compose les *encres sympathiques*, qui ont la propriété de paraître par la chaleur et de disparaître par le refroidissement.

9. Chrome. — L'oxyde de ce métal est une poudre employée en peinture, dans l'industrie des tissus et des papiers peints, sous le nom de *vert de chrome* ou *vert émeraude*. Il sert à colorer le verre, les porcelaines. Il remplace avantageusement les verts arsenicaux, dangereux à manier.

Le *jaune de chrome*, belle couleur employée dans la teinture et l'impression des papiers, des étoffes, dans la peinture à l'huile, est un *chromate de plomb*. Le *bichromate de potasse*, en beaux cristaux rouge orangé, sert à mettre en action certaines piles galvaniques.

Questionnaire.

1. Quelles sont les propriétés du magnésium ?

2. Qu'est-ce que c'est que la magnésie ?

3. Qu'est-ce que le sel de Sedlitz ?

4. Quelles sont les propriétés de l'aluminium ? — Quels en sont les usages ?

5. Où trouve-t-on l'alumine ?

6. Qu'est-ce que l'alun ? — D'où le tire-t-on ? — A quoi l'alun est-il employé ?

7. Le manganèse est-il usité dans les arts ?

8. Que fait-on avec les composés du cobalt ?

9. Que tire-t-on du chrome ?

CHAPITRE XV.

Zinc; oxyde, sulfate de zinc. — Fer; oxydes, sulfure, chlorure, sulfate de fer. — Métallurgie du fer.

1. Zinc. — Le *zinc* est un métal gris bleuâtre, qui fond à une température plus élevée que l'étain et le plomb, et qui, quand on le chauffe plus fortement, brûle avec une flamme blanche éclatante. Pendant sa combustion, il se produit une abondante fumée blanche, formée par le zinc qui s'oxyde.

Le zinc s'altère facilement par l'humidité de l'air et se couvre d'une couche mince de carbonate de zinc. Ce métal est facilement attaqué par le vinaigre, le vin, le lait, les graisses, et forme avec ces substances des composés vénéneux : il ne faut donc pas s'en servir pour les usages de la cuisine.

Le zinc est fort employé dans les constructions, sur lesquelles il forme des toitures très légères. On fabrique de nombreux ustensiles avec le zinc. Il entre dans plusieurs alliages : c'est avec le zinc qu'on recouvre les fils de fer dits *galvanisés*. Il constitue le faux bronze ; enfin, il sert à faire marcher certaines piles galvaniques.

2. **Composés du zinc.** — *L'oxyde de zinc* est une poudre blanche employée en peinture sous le nom de *blanc de zinc*. Le vert de Rihnmann est un composé d'oxyde de zinc et de cobalt.

L'oxyde de zinc n'est point vénéneux, comme la céruse, et peut quelquefois la remplacer au grand avantage des ouvriers. Le blanc de zinc a, de plus, la propriété de ne pas noircir, comme la céruse, par les émanations sulfureuses.

3. Le *sulfate de zinc*, nommé aussi *vitriol blanc*, et *couperose blanche*, est un sel blanc, piquant au goût, vénéneux. — Il est employé dans la teinture et l'impression des étoffes.

Le *chlorure de zinc* est un sel blanc, très soluble, très caustique, et un désinfectant puissant.

4. Fer. — Le *fer* est le plus répandu et le plus utile des métaux. Il est gris, ductile, malléable, extrêmement tenace. Il s'altère facilement par l'humidité de l'air et forme la *rouille*, qui est un *peroxyde de fer*. Pour l'en préserver, on le couvre d'une couche d'étain : c'est le *fer-blanc;* ou d'une couche de zinc : c'est le *fer galvanisé.*

On le couvre aussi d'une couche de cuivre au moyen de la galvanoplastie.

Le fer est employé aux usages les plus nombreux et les plus divers : on fait, avec le fer, des machines, des charpentes, des ponts, des rails, des outils, des plumes, etc.

5. Oxydes de fer. — Il y a plusieurs oxydes de fer : l'un, le *sesquioxyde*, se trouve en abondance dans la nature, mêlé à des argiles. Par ce mélange, il forme deux couleurs, nommées l'une *ocre jaune*, l'autre, *ocre rouge* ou *sanguine.*

Préparé artificiellement, le sesquioxyde de fer se nomme *colcotar, rouge d'Angleterre.* C'est alors une poudre d'un rouge brun, qui sert à polir les métaux, les glaces, et qu'on emploie dans la peinture à l'huile sous le nom de *minium de fer.*

6. Sulfure de fer. — Le *sulfure de fer* ou *pyrite* de fer, qu'on trouve dans la nature en beaux cristaux brillants, d'un jaune d'or, est employé à fabriquer l'acide sulfureux, le sulfate de fer.

7. Chlorure de fer. — Les chlorures de fer sont employés en médecine. Le perchlorure est un sel brun rougeâtre très soluble dans l'eau, dans laquelle on le dissout toujours pour arrêter les hémorragies.

8. Sulfate de fer. — Le sulfate de protoxyde de fer est plus connu dans les arts sous le nom de *couperose verte, vitriol vert.* C'est un sel en cristaux vert pâle, d'une saveur très âpre, qui jaunit à l'air et dans l'eau, où il se dissout.

Les usages du sulfate de fer sont nombreux et importants. Il sert à la teinture en noir, en violet, en gris. Avec la noix de galle, il entre dans la composition de l'encre. On l'emploie pour la préparation des cuirs, pour la désinfection des fosses d'aisances, la conservation des fumiers, et pour l'arrosage des plantes malades.

C'est avec le vitriol vert et le prussiate jaune de potasse qu'on fait le *bleu de*

Prusse, le *bleu de France* ou *bleu de Paris*.

9. Métallurgie de fer. — On extrait le fer de ses nombreux minerais[1] suivant deux méthodes. La première, la méthode *catalane*, consiste à chauffer simplement le minerai avec du charbon de bois dans une espèce de forge. Cette méthode, plus ancienne, plus simple et moins productive que la seconde, est aujourd'hui abandonnée.

La seconde est la méthode des *hauts fourneaux* (*fig.* 19), lesquels ont depuis 10 jusqu'à 16 mètres de hauteur. On y dispose par couches, alternativement, A, le combustible (coke ou charbon) et le minerai de fer avec un *fondant*, qui est ordinairement de la pierre calcaire. La chaleur intense sépare les éléments du minerai; le métal s'écoule en bas du fourneau BEC; sa gangue ou partie pierreuse, s'unissant au fondant, descend aussi vers l'extrémité inférieure, en formant une espèce de verre nommé *laitier*, ab. Le fer fondu ou *fonte*, plus lourd que le

1. Voir notre *Petite Histoire Naturelle*, chap. III. 4.

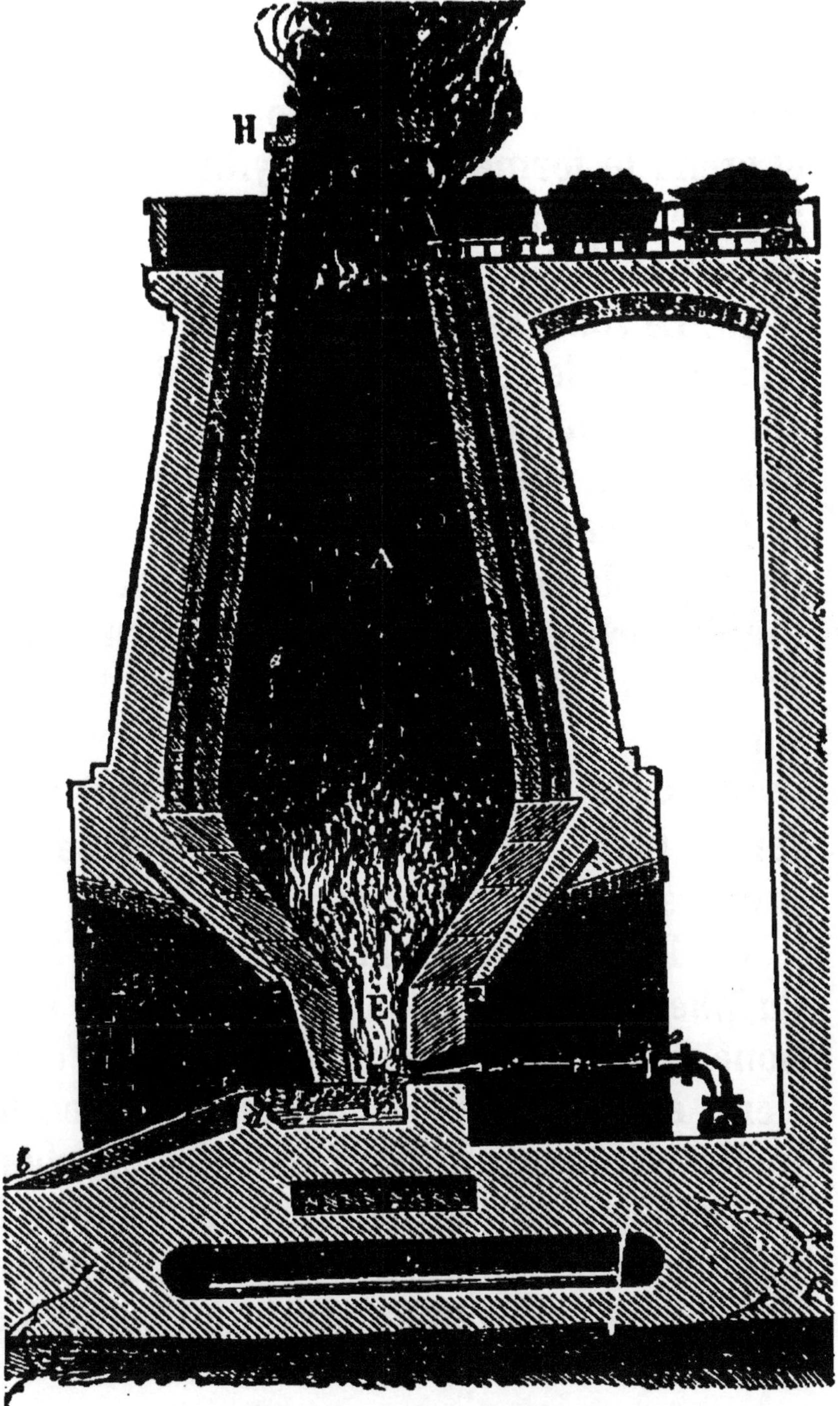

Fig. 19. — Haut fourneau,

laitier, ne sort que quand on lui ouvre une issue pour le faire couler dans de petits canaux creusés dans le sable, où il se refroidit et prend la forme de demi-cylindres, qu'on appelle, suivant leur longueur, *gueuses* ou *gueusets*.

10. La *fonte* est un fer qui contient de 2 à 5 pour 100 de carbone, quelquefois du silicium, du manganèse et d'autres matières étrangères. On distingue la *fonte grise* et la *fonte blanche*. La fonte grise se coule de nouveau dans des moules pour fabriquer toutes sortes d'appareils ou d'instruments destinés à l'industrie ou aux usages domestiques.

La fonte blanche, plus dure, plus cassante, ne se laisse pas travailler et sert à préparer le fer en barres.

11. Pour convertir la fonte en *fer*, il faut l'*affiner*, c'est-à-dire la débarrasser du carbone et des matières étrangères qu'elle contient, en la fondant de nouveau, soit en la mélangeant, à l'air libre, avec du charbon de bois, soit en l'exposant, dans un four à *puddler*, à la flamme d'un foyer de charbon de terre. On la soumet ensuite à l'action de

lourds marteaux ou de laminoirs, pour obtenir le fer forgé, la tôle, etc.

12. L'*acier* est un fer combiné avec une quantité très faible de carbone, qui peut varier de quelques millièmes à 1 ou 2 centièmes. L'acier soumis à une opération qu'on appelle la *trempe* est élastique, plus dur et plus cassant que le fer.

Pour convertir le fer en *acier*, on soumet le fer affiné à de nouvelles préparations. Il y a l'*acier de cémentation*, l'*acier fondu*[1], l'*acier puddlé*.

Depuis quelques années on obtient rapidement et économiquement de grandes quantités d'acier par deux méthodes différentes. L'une, appelée le procédé *Bessemer*, du nom de son inventeur, consiste à diriger des courants d'air énergiques sur la fonte, fondue dans de vastes cornues (*fig.* 20). Dans l'autre, la fonte est mise en fusion dans un four à *réverbère* par un courant de gaz enflammés ; on ajoute ensuite à la fonte, devenue liquide, la quantité de fer nécessaire pour diminuer la proportion de carbone qu'elle contient :

1. Voir notre *Petite Histoire Naturelle*, chap. III.

c'est le procédé *Martin Siemens*. Les aciers
sont employés à la fabrication des armes

Fig. 20. — Affinage au convertisseur Bessemer.

et des instruments tranchants, des outils,
des burins, des ressorts, des canons.

Questionnaire.

1. Quelles sont les pro-
priétés du zinc?—Est-ce
un métal altérable à l'air?
—A quoi l'emploie-t-on?
2. Qu'appelle-t-on blanc
de zinc? — Quels en
sont les avantages?
3. Qu'est-ce que le
sulfate de zinc?
4. Quelle altération

éprouve le fer à l'air humide? — Comment l'en préserve-t-on ?

5. Quels sont les usages du sesquioxyde de fer? — A quoi est-il employé dans les arts, dans l'agriculture ? — Quelle couleur prépare-t-on avec ce produit?

6. Qu'est-ce que la pyrite de fer? — A quoi sert-elle?

7. Quels sont les usages des chlorures de fer?

8. Comment appelle-t-on dans les arts le sulfate de fer ? — Quelles en sont les propriétés ?

9. Comment extrait-on le fer de ses minerais? — Comment se fait la fonte dans les hauts fourneaux ?

10. Quelles sont les propriétés de la fonte ?

11. Celles du fer affiné?

12. Qu'est-ce que l'acier? Quels en sont les usages ? Comment se fait l'acier ? — Y a-t-il plusieurs sortes d'acier?

CHAPITRE XVI.

Étain; ses combinaisons. — Antimoine. — Arsenic; acide arsénieux; sulfures d'arsenic. — Bismuth. — Nickel.

1. Étain. — *L'étain* est un métal blanc, très brillant quand il est récemment coupé. Quand on le frotte, il dégage une odeur désagréable; quand on le plie, il fait entendre un bruit particulier, qu'on appelle le *cri* de l'étain. De tous les métaux usuels, c'est celui qui fond à la température la moins élevée : car il entre en fusion sur une feuille de papier placée sur une tôle chauffée légèrement, et, quand il est fondu, on peut le couler sur du linge ou sur du papier sans brûler ces substances. Comme il est peu altérable à l'air, et comme il ne forme point de composés vénéneux, on s'en sert pour recouvrir ou étamer les objets de fer, de fonte, de cuivre.

L'étain sert à l'étamage des ustensiles de cuisine, à la fabrication du fer-blanc. Réduit en feuilles minces, car il est très malléable, on s'en sert pour envelopper le chocolat, le thé, etc.

L'étain entre dans la composition du *tain* des glaces et dans plusieurs alliages. Ainsi, la *poterie d'étain* contient 4 parties d'étain et 1 de plomb. Le *métal anglais* et le *métal d'Alger* contiennent beaucoup d'étain avec un peu d'antimoine et de plomb, de cuivre et de bismuth.

2. **Composés de l'étain.** — La *potée d'étain* est un oxyde de ce métal. C'est une poudre

blanche ou grise, avec laquelle on polit les glaces, le cristal, et qui sert à former l'émail.

3. Le *sulfure d'étain* est connu dans le commerce sous le nom d'*or mussif, bronze des peintres, or de Judée*. C'est une poudre jaune, brillante, qui sert à bronzer ou dorer le bois, le plâtre, et à faire marcher les machines électriques.

4. Le *chlorure d'étain*, nommé aussi *sel d'étain* ou *sel des teinturiers*, est une substance blanche, d'une saveur acide, d'une odeur forte, comparable à celle du poisson pourri.

Ce composé est très employé dans la teinture et l'impression des étoffes. Il enlève les taches de rouille.

5. **Antimoine.** — L'*antimoine* est un métal blanc, brillant, cassant, dégageant par le frottement une odeur d'ail. Quand il est chauffé au rouge, l'antimoine brûle à l'air avec une flamme vive et d'abondantes fumées blanches.

Il entre dans plusieurs alliages, tels que celui des caractères d'imprimerie, ceux qu'on appelle *métal d'Alger, métal anglais* ou *métal de la reine*. Plusieurs de ses com-posés sont usités en médecine; tels sont le *kermès*, poudre brun rougeâtre, le *beurre d'antimoine*, caustique très violent, ainsi nommé à cause de sa consistance molle; enfin le plus connu de tous, l'*émétique*, qui est une composition d'acide *tartrique*[1], de potasse et d'antimoine.

6. Arsenic. — *L'arsenic* est un métal gris de fer, très vénéneux, ainsi que tous les composés dont il fait partie. Ces composés répandent, comme l'arsenic, une odeur d'ail quand on les jette sur des charbons ardents.

L'arsenic pur est peu employé; quand il est en poudre, il est connu sous le nom de *mort aux mouches*.

7. C'est à l'*acide arsénieux* qu'on donne vulgairement le nom d'*arsenic* ou *mort aux rats*. L'arsenic du commerce est en poudre blanche, semblable à de la farine ou à du sucre en poudre, ou en morceaux plus ou moins gros semblables à de la porcelaine. Il n'a qu'une faible saveur âcre, qui ne ré-

1. Voir chap. XXII.

vèle pas ses dangereuses propriétés; mais, comme les autres composés de l'arsenic, il répand une odeur d'ail quand on le jette sur des charbons rouges.

C'est un poison très dangereux[1], qui sert à la destruction des animaux nuisibles, mais qu'on emploie cependant en médecine à de très petites doses. Il est usité dans la teinture et l'impression des tissus.

C'est avec l'acide arsénieux et le cuivre qu'on a fait les couleurs vertes nommées *vert de Scheele* et *vert de Schweinfurt*.

8. Il y a deux *sulfures d'arsenic*, qui sont employés tous les deux dans la peinture à l'huile, dans la teinture et l'impression des tissus. Ce sont : 1° l'*arsenic jaune*, *orpiment* ou *orpin;* 2° l'*arsenic rouge, réalgar* ou *orpin rouge.*

9. **Bismuth.** — Le *bismuth* est un métal brillant, blanc rougeâtre, qui entre dans quelques alliages : il a la propriété de les rendre facilement fusibles. L'alliage fusible de Darcet, qui fond à la température de l'eau bouillante, n'est plus employé.

1. Voir notre *Petite Hygiène*, chap. XVI.

Le seul composé de bismuth qui soit usité est le *sous-nitrate de bismuth*, qu'on emploie comme remède et comme *blanc de fard* pour blanchir la peau.

10. **Nickel.** — Le *nickel* est le plus dur des métaux usuels; il est ductile, malléable, moins fusible et plus tenace que le fer, d'un blanc jaunâtre, susceptible d'un beau poli, inaltérable à l'air. On fait avec ce métal des objets variés, et il entre dans plusieurs alliages. Mais, comme il est d'un prix assez élevé, on l'emploie surtout dans la *nickelisation*. Cette opération a pour but de protéger contre l'action de l'air les métaux plus oxydables que le nickel même.

De même que pour l'argenture, c'est à l'aide du galvanisme qu'on dépose le nickel en couche mince sur les objets métalliques, auxquels il donne un aspect brillant.

Questionnaire.

1. Quelles sont les propriétés de l'étain ? — A quoi l'emploie-t-on ? — Quels en sont les alliages ?

2. Qu'appelle-t-on potée d'étain ?

3. Qu'est-ce que l'or mussif ?

4. A quoi sert le chlorure d'étain ?

5. Quels sont les caractères de l'antimoine ? — Est-il employé dans les arts ? — A quoi servent ses composés ?

6. Quelle est la propriété de l'arsenic et de tous ses composés ?

7. Qu'est-ce que l'acide arsénieux ? — Comment le reconnaît-on ? — Quels en sont les usages ?

8. Quels noms portent les sulfures d'arsenic ?

9. Quels sont les propriétés et les usages du bismuth ?

10. Quelles sont les propriétés du nickel ? Quels en sont les usages ?

CHAPITRE XVII.

Cuivre. — Alliages du cuivre. — Sulfate, carbonate, acétates de cuivre. — Plomb. — Oxydes, sulfure de plomb, carbonate, acétate. — Mercure. — Amalgames. — Sulfure, chlorures de mercure.

1. Cuivre. — Le *cuivre* quand il est pur est rouge et porte le nom de *rosette*. Il a une saveur particulière et une odeur désagréable quant on le frotte. Après le fer, c'est le plus tenace des métaux. Bon conducteur de la chaleur et de l'électricité, il forme les fils conducteurs des piles et des machines électriques.

Le cuivre a l'inconvénient de s'altérer facilement par l'humidité de l'air et de former du *vert-de-gris*, composé vénéneux, qui n'est autre chose que du carbonate de cuivre. Le lait, les graisses, les acides forment aussi des sels vénéneux avec le cuivre, quand ils séjournent sur ce métal. C'est la raison pour laquelle on étame les ustensiles de cuisine.

Le cuivre rouge a un grand nombre d'usages. On s'en sert pour faire des chaudières, des alambics, des vases de cuisine. C'est avec ce métal que l'on opère le *doublage* des vaisseaux, c'est-à-dire que l'on couvre de feuilles de cuivre la partie des navires plongée dans l'eau.

2. Alliages de cuivre. — Le cuivre entre dans beaucoup d'alliages; les principaux sont :

Le *bronze* des canons, des cloches, des statues, des monnaies, des médailles. Le bronze des canons contient 90 parties de cuivre et 10 d'étain; le bronze des cloches,

78 parties de cuivre et 22 d'étain. Notre monnaie de cuivre contient 95 parties de cuivre, 4 d'étain, 1 de zinc.

Le *laiton* ou *cuivre jaune*, qui sert à faire des instruments de physique, de musique, contient 70 parties de cuivre et 30 d'étain. Le *potin* est un laiton commun contenant du plomb, et qu'on emploie à faire des ustensiles divers, des boutons.

Le *chrysocale* ou *similor* contient 99 parties de cuivre, du zinc et un peu de plomb. On s'en sert pour faire des bijoux, qui imitent l'or.

Le *maillechort* contient du cuivre, du zinc et du nickel.

Tous les sels de cuivre sont vénéneux[1].

Ils sont tous bleus ou verts et possèdent une saveur métallique désagréable. Les oxydes de cuivre servent à colorer d'une belle teinte rouge le verre et le cristal.

3. **Composés du cuivre.** — Le *sulfate de cuivre*, nommé dans le commerce *vitriol*

---

1. Voir notre *Petite Hygiène*, chap. XVI.

bleu, sel bleu, couperose bleue, est en cristaux transparents, d'un beau bleu.

On le prépare très simplement, en grillant le sulfure de cuivre, qui, dans cette opération, se transforme en sulfate, puis en dissolvant le sel, pour le faire ensuite cristalliser.

C'est avec le sulfate de cuivre qu'on obtient *l'eau céleste* ou *bleu céleste,* belle liqueur exposée chez les droguistes et les pharmaciens, vénéneuse comme tous les composés du cuivre.

Le sulfate de cuivre est très usité dans les arts. On l'emploie à la teinture et à l'impression des étoffes, à la préparation des couleurs arsénicales ou *arsénites* de cuivre (vert de Scheele, etc.). Il sert à faire marcher les piles galvaniques, à chauler le blé, à injecter, pour leur conservation, les bois qui doivent être placés sous terre. Enfin on l'emploie en médecine.

4. Le *carbonate de cuivre,* réduit en poudre, donne la couleur connue sous le nom de *bleu de montagne* ou *cendres bleues naturelles.* On prépare des *cendres bleues artificielles.* Ces couleurs sont em-

ployées dans la fabrication des papiers peints. Le *vert minéral* est aussi un carbonate de cuivre préparé artificiellement pour la peinture.

5. Les *acétates de cuivre*[1] sont formés par le cuivre et l'acide *acétique*, acide organique tiré du vinaigre. Il y a plusieurs acétates de cuivre usités dans les arts. Ils portent dans le commerce le nom de *verdet*, *vert-de-gris*, et servent en peinture.

On les prépare en grand pour les arts en tenant des lames de cuivre plongées dans du marc de raisin.

6. **Plomb.** — Le *plomb* est un métal peu tenace, le moins malléable de tous. Il est mou, se laisse rayer par l'ongle, laisse une trace grise sur le papier et fond à une température peu élevée. Quand il est fraîchement coupé, il a beaucoup d'éclat; mais il se ternit très promptement à l'air, en absorbant l'oxygène, pour former un oxyde.

Exposé à l'air humide et à la pluie, le plomb se couvre d'une légère couche de

1. Voir chap. XXII.

carbonate de plomb. Ce sel est vénéneux, comme tous les composés du plomb. Aussi les ouvriers qui le manient sont-ils sujets à une maladie appelée *colique de plomb*. Il ne faut donc point boire les eaux qui ont coulé ou séjourné sur des toitures ou dans des vases de plomb. Le vin, le vinaigre, le lait, les graisses forment aussi, en attaquant le plomb, des composés vénéneux : les ustensiles faits avec ce métal ne doivent point, pour cette raison, être employés à contenir des aliments ou des boissons.

Les nombreux usages du plomb dans les arts sont bien connus; il est employé à la couverture des bâtiments, à la fabrication du plomb de chasse, des balles. Il sert à faire des tuyaux de conduite pour les eaux.

Il entre dans plusieurs alliages, dont les principaux sont : la *soudure des plombiers*, qui est composée de 66 parties de plomb et de 34 parties d'étain; les *caractères d'imprimerie*, qui sont formés de 80 parties de plomb et de 20 parties d'antimoine.

7. **Oxydes de plomb.** — Le *massicot* et la *litharge* sont les oxydes de plomb les plus usités. Le massicot est en poudre jaune. La

litharge est en poudre ou en petites paillettes gris rougeâtre.

Ces deux substances sont employées dans
la fabrication des poteries : la litharge sert
à faire les huiles siccatives, appelées aussi
huiles cuites, avec lesquelles on confec-
tionne les toiles cirées, certains instruments
de chirurgie, etc. Le massicot est employé
en peinture sous le nom de *jaune de Naples*
ou *de Cassel*.

Le *minium* est un autre oxyde de plomb.
C'est une poudre d'un beau rouge, employée
pour colorer la cire à cacheter, les papiers
de tenture, pour fabriquer le cristal. Le minium entre aussi dans la composition des
poteries, des mastics, et dans les couleurs
à l'huile qui servent à préserver les métaux
de l'action de l'humidité.

8. **Sulfure de plomb.** — Le sulfure de
plomb natif ou *galène*, après avoir été mis
en poudre, est employé, sous le nom d'*alquifoux*, dans le vernissage des poteries
communes.

9. **Chlorures de plomb.** — Les chlorures de
plomb constituent les couleurs connues sous
le nom de *jaune de Cassel, jaune minéral*.

10. Carbonate de plomb. — Le carbonate de plomb ou *céruse*, *blanc de plomb*, est une poudre blanche, lourde, non soluble dans l'eau. C'est une substance vénéneuse, qui occasionne de graves maladies aux ouvriers, quand ils la manient sans précaution.

On la prépare, à Clichy notamment, au moyen de l'acide carbonique dégagé dans une dissolution d'acétate de plomb.

La céruse ne sert que dans la peinture à l'huile, et encore est-elle quelquefois remplacée par le blanc de zinc[1], qui a l'avantage de ne pas noircir, comme la céruse, par les émanations de gaz sulfhydrique; elle entre dans la composition du mastic des vitriers, dans celle des *couvertes*, employées dans la fabrication des faïences.

11. Acétate de plomb. — *L'acétate de plomb* ou *sucre de Saturne* est en cristaux blancs, de saveur douceâtre.

Ce sel est employé en teinture. C'est avec ce produit qu'on fait l'*eau blanche* des pharmacies, fort employée en médecine.

---

1. Voir le chap. xv.

12. Mercure. — Le *mercure* est le seul métal liquide ; il est, de plus, blanc et brillant comme l'argent : aussi lui a-t-on donné le nom de *vif-argent*. Un grand froid peut le rendre solide ; une chaleur élevée peut le réduire en vapeurs. Même à la température ordinaire, il dégage des vapeurs dangereuses pour les ouvriers qui le manient et leur donne le *tremblement* ou la salivation mercurielle : il est donc important pour eux de s'en garantir. Tous les sels du mercure sont vénéneux à un degré plus élevé encore que le mercure.

Le mercure est employé à construire les baromètres, les thermomètres, les manomètres, à extraire l'or et l'argent de leurs minerais. Le *mercure fulminant* ou *fulminate de mercure* est un composé qui entre dans la fabrication des capsules ou amorces pour armes à feu. Le mercure et ses composés sont employés en médecine.

13. Amalgames. — L'alliage du mercure à d'autres métaux porte le nom particulier d'*amalgame*.

L'*amalgame d'étain*, composé de 4 parties d'étain pour une de mercure, n'est autre chose que le *tain* avec lequel on étame les glaces.

L'amalgame de bismuth sert à étamer ces ballons brillants qu'on suspend dans les appartements ou les jardins.

14. Sulfure de mercure. — Le *sulfure de mercure* naturel se nomme *cinabre.* Quand on le prépare artificiellement, c'est le *vermillon*, belle couleur rouge employée en peinture et pour la cire à cacheter.

15. Chlorures de mercure. — Il y a deux *chlorures de mercure*, tous deux usités en médecine. L'un est purgatif : c'est le *protochlorure de mercure*, nommé aussi *calomel*, *mercure doux.* C'est une poudre blanche, sans saveur, qui noircit instantanément au contact de l'ammoniaque et ne se dissout pas dans l'eau.

L'autre est un violent poison : c'est le *bichlorure de mercure*, nommé aussi *sublimé corrosif.* Il est ordinairement en masses blanches, compactes, demi-transparentes sur les bords ; sa saveur est très âcre et caustique ; il se dissout dans l'eau et dans l'alcool. Le blanc d'œufs délayé dans l'eau froide est son contrepoison. Cette substance est employée en teinture comme mordant ; elle sert aussi à conserver les objets d'histoire naturelle en les préservant de la putréfaction et des insectes.

Questionnaire.

1. Quelles sont les propriétés du cuivre ?—Quels inconvénients a-t-il ?—A quoi l'emploie-t-on ?

2. Quels sont les alliages du cuivre ?

3. Qu'est-ce que le vitriol bleu ? — A quoi sert-il ?

4. Quels sont les usages du carbonate de cuivre ?

5. Quels noms porte l'acétate de cuivre ?

6. Quels sont les propriétés du plomb ? — Quelles précautions faut-il employer contre le plomb? — Quels en sont les alliages ?

7. Nommez les oxydes de plomb usités.

8. Qu'est-ce que l'alquifoux ?

9. A quoi servent les chlorures de plomb?

10. Comment nomme-t-on vulgairement le carbonate de plomb ?—A quoi sert-il ?

11. Qu'est-ce que l'acétate de plomb ?

12. Quelles sont les propriétés du mercure ?

13. Qu'entend-on par amalgame ?

14. Qu'est-ce que le sulfure de mercure ?

15. Combien y a-t-il de chlorures de mercure ? — Indiquer les caractères et les propriétés de chacun d'eux

CHAPITRE XVIII.

Argent. — Alliages et combinaisons de l'argent; argenture. — Composés de l'argent. — Or. — Alliages; dorure. — Essais de l'or et de l'argent. — Platine.

L'*argent*, l'*or* et le *platine*[1] sont les trois métaux précieux, parce qu'ils sont les plus inaltérables. C'est pour cette raison que, dans tous les pays civilisés, on a choisi les deux premiers pour en faire les monnaies.

1. **Argent.** — L'*argent* est le plus blanc, le plus brillant des métaux, quand il a été poli; après l'or, c'est le plus ductile et le plus malléable. Il est inaltérable à l'air; mais il noircit par les émanations sulfhydriques.

2. **Alliages d'argent.** — L'argent peut s'allier à un grand nombre de métaux et entre dans une foule de combinaisons.

L'argent étant trop mou pour qu'on puisse

1. Voir notre *Petite Histoire Naturelle,* chap. III.

l'employer pur dans les usages auxquels il est destiné, on l'allie à une petite quantité de cuivre, qui lui donne de la dureté.

L'alliage de nos monnaies d'argent est maintenant à deux *titres* différents[1]. Les pièces de cinq francs sont au *dixième*, c'est-à-dire qu'elles contiennent 90 parties d'argent et 10 de cuivre. Les pièces de 2 francs, de 1 franc, de 50 centimes et de 20 centimes ne contiennent que 835 parties d'argent pour 93 parties de cuivre et 72 de zinc.

Les médailles, l'argenterie, sont à un titre plus élevé que la monnaie (950 millièmes d'argent); les bijoux sont, au contraire, à un titre moins élevé (800 millièmes d'argent).

3. Argenture. — *L'argenture* du cuivre ou de ses alliages se fait par trois procédés : *l'argenture en feuilles* ou *plaqué*, qui est la plus solide et la plus chère; *l'argenture au pouce*, qui est la plus facile et la moins solide; *l'argenture galvanoplastique* ou *élec-*

---

1. Le titre d'un alliage n'est autre chose que la proportion de métal précieux qu'il contient. Plus cette proportion est grande plus le titre est élevé.

trique, qu'on emploie généralement aujourd'hui, et qui porte le nom de l'un de ses inventeurs, Ruolz. Ce dernier procédé est préféré au plaqué parce qu'il est plus expéditif, et à l'argenture au pouce parce qu'il donne des produits plus durables. L'argenture des glaces a remplacé dans beaucoup de fabriques leur étamage au mercure, qui est fort insalubre. On opère l'argenture des glaces à l'aide de dissolutions qui constituent une opération chimique peu compliquée.

4. Composés de l'argent. — Plusieurs des composés de l'argent sont usités dans les arts.

Le *nitrate d'argent* ou *pierre infernale* est très vénéneux et sert en médecine et en photographie. On compose avec ce produit une encre pour marquer le linge.

Le *cyanure d'argent* est employé dans l'argenture galvanoplastique.

Le *chlorure*, le *bromure* et l'*iodure d'argent* sont usités dans la photographie.

5. Or. — L'*or* est le plus malléable, le plus ductile de tous les métaux. Son éclat et sa couleur jaune ne se ternissent point à l'air.

et il ne se dissout que dans l'*eau régale*[1], où il se transforme en *chlorure d'or*. Ce composé est jaune rougeâtre et sert à la photographie, à la dorure galvanoplastique. C'est avec le chlorure d'or et le chlorure d'étain qu'on prépare le *pourpre de Cassius* qui sert à dorer la porcelaine.

6. **Alliages d'or.** — On allie du cuivre à l'or pour donner de la dureté à ce métal. Il y a des alliages d'or à différents titres. L'alliage de la monnaie d'or contient 90 parties d'or et 10 de cuivre. Les bijoux sont à trois titres différents. Les bijoux au 1er titre contiennent 920 parties d'or et 80 de cuivre; au 2e titre 840 parties d'or et 160 de cuivre; et les bijoux les plus usités, ou au 3e titre, contiennent 750 parties d'or et 250 de cuivre.

7. **Essais des matières d'or et d'argent.** — On donne le nom d'*essai* à une opération par laquelle on cherche à connaître la quantité d'or ou d'argent qui entre dans un alliage de ces métaux précieux.

Il y a deux sortes d'essais. *L'essai par la voie sèche* ou *coupellation* consiste à fondre

1. Voir page 66.

dans un petit creuset, nommé *coupelle* l'alliage à analyser.

On opère l'*essai par la voie humide* en faisant dissoudre les métaux et en employant des réactifs pour en déterminer la proportion.

Ces procédés sont d'une grande exactitude, mais demandent aussi beaucoup d'habileté : ce sont ceux dont se servent les contrôleurs chargés par le gouvernement d'essayer les objets d'or et d'argent et d'en constater le titre [1]. Mais le procédé le plus usité dans le commerce pour essayer les alliages d'or consiste dans l'emploi de la *pierre de touche* ou *essai au touchau*. L'objet frotté sur la pierre, qui est noire, y laisse une trace jaune. On mouille avec un peu

1. Le contrôle ou la *garantie* des employés de l'administration se reconnaît sur les objets d'or et d'argent à la *marque* qu'ils y impriment à l'aide d'instruments nommés *poinçons*. On appelle *poinçon de titre* celui qu'ils apposent après les essais par la voie sèche ou humide sur les objets d'un certain volume. On appelle *poinçon de petite garantie* celui dont ils se servent pour les petits objets essayés à la pierre de touche. Chaque bureau de garantie a sa marque particulière.

d'eau régale cette trace, qui disparaît en partie. Ce qui en reste indique approximativement la proportion de cuivre et d'or à une personne expérimentée. On fait le même essai pour l'argent : essayé à la pierre de touche, il laisse une trace blanche, et le maillechort n'en laisse pas.

8. **Dorure.**—Il y a trois sortes de dorure : la *dorure au mercure* ou *au feu*, exécutée avec un amalgame d'or; on y a presque entièrement renoncé à cause de son insalubrité;

La **dorure au trempé** ou *par immersion*, que l'on fait en plongeant les objets dans une dissolution contenant un composé d'or;

La *dorure galvanoplastique*, que l'on opère au moyen de la pile galvanique : c'est la plus usitée aujourd'hui.

Quant à la dorure sur bois, sur plâtre, etc., elle se fait au moyen de feuilles d'or très minces, fixées avec des huiles siccatives, des vernis.

9. **Platine.** — Le *platine* ressemble à l'argent, mais est moins blanc. C'est un métal très ductile, très malléable, à la fois très mou et très tenace. C'est le plus lourd de

tous les corps simples : il pèse **21** fois plus que l'eau[1]. C'est le moins altérable et le moins fusible de tous les métaux, car il ne fond qu'au feu de forge le plus intense ou au chalumeau à gaz.

Il peut avoir un aspect poreux et forme alors ce qu'on appelle l'*éponge* ou la *mousse de platine*. Cette substance a la propriété d'enflammer le gaz hydrogène.

On l'emploie, à cause de ses propriétés remarquables, à faire des creusets, des cornues, des alambics, pour fondre ou distiller des substances qui exigent une chaleur considérable, ou qui attaqueraient des vases faits avec toute autre matière. Il sert encore à faire les *étalons* ou modèles légaux des poids et mesures, à fabriquer des bijoux.

Questionnaire.

1. Quelles sont les propriétés de l'argent?

2. Quels en sont les alliages?

---

1. Voir, pour la densité des corps, notre *Petite Physique,* chap. VI.

3. Comment se fait l'argenture ?

4. Quels sont les composés de l'argent usités ?

5. Quelles sont les propriétés de l'or?

6. Quels sont les alliages de l'or ?

7. Comment se fait l'essai de l'or et de l'argent ?

8. Combien y a-t-il de sortes de dorure ?

9. Quelles sont les propriétés du platine? —A quoi ce métal est-il employé ?

CHAPITRE XIX.

Verre. — Cristal. — Émail. — Poterie. — Porcelaine. — Mortiers. — Ciments.

1. Verre. — Les différentes espèces de *verres*, telles que le verre à vitre, le verre à gobeleterie, le verre à glace, le verre à bouteille, sont tous des composés de silice, de chaux et de soude, ou de potasse au lieu de soude.

Dans la fabrication du verre, on emploie ces substances sous forme de sable blanc, de craie, de potasse ou de soude du commerce plus ou moins pure. On les mélange dans des proportions différentes, suivant le produit que l'on veut obtenir ; ce mélange est fondu dans de vastes creusets, jusqu'à ce qu'il arrive par la chaleur à un état demi-

Fig. 21. — Fabrication du verre.

liquide. On puise le verre pendant qu'il est rouge et pâteux, et, en le moulant, en le soufflant ou en le laminant, on lui donne la forme qu'il gardera par le refroidissement (*fig.* 21).

Le verre à bouteille, le plus commun de tous, est fait avec du sable brut, de l'argile, de la cendre de bois. Sa couleur est due à des oxydes de fer contenus dans les substances impures qu'on emploie. Le verre de Bohême et le crown-glass sont des verres fins, dont le dernier est employé dans la construction d'instruments d'optique.

Le verre irisé doit son aspect particulier à sa préparation chimique. Le verre acquiert par la trempe une grande dureté et une grande résistance aux chocs. Le verre trempé se prépare maintenant en grand dans l'industrie.

2. Cristal. — Le *cristal* est plus lourd, plus sonore que le verre. Il est préparé avec du sable bien blanc, de la potasse et du minium. Le cristal est un silicate double de potasse et de plomb. Le *flint-glass* est un cristal employé dans la fabrication des instruments d'optique. Le *strass* est le plus lourd de tous les cristaux; il est employé à faire des pierres précieuses artificielles.

On colore le verre ou le cristal en diverses nuances au moyen de certaines substances mélangées à la pâte du verre pendant qu'elle est encore fondue. Ainsi, la suie colore en jaune; l'oxyde de chrome, en vert; l'oxyde de cuivre, en rouge; l'oxyde de cobalt, en bleu, etc.

3. **Émail.** — *L'émail* est une espèce de cristal, opaque, c'est-à-dire privé de transparence, habituellement blanc. On le compose avec un mélange de silice, de potasse, de plomb et d'étain. L'émail peut être coloré, comme le verre et le cristal, à l'aide d'oxydes métalliques.

C'est avec l'émail qu'on fait le cadran des montres, et que l'on décore certains objets d'orfèvrerie. C'est avec l'émail qu'on vernit certaines faïences, et que l'on couvre, pour les ouvrages domestiques, les ustensiles de fonte ou de fer battu.

4. **Poterie.** — Les *poteries* sont toutes fabriquées avec différentes argiles soumises à la cuisson. Outre la silice et l'alumine, qui en provient, on y ajoute, dans diverses proportions, de la chaux, du sable, de la potasse, de l'oxyde de fer, pour fabriquer les différentes espèces de poteries.

La pâte ou l'argile des poteries, soumise à la cuisson dans des fours, en sort terne et poreuse. Quelques poteries sont usitées ainsi ; tels sont les pots à fleurs, les briques, les tuiles, etc. Mais, pour obtenir la *glaçure*, c'est-à-dire pour les rendre brillantes, imperméables aux liquides, on applique sur les poteries, avant de les faire cuire une seconde fois, des substances qui fondent par la chaleur. On donne à ces substances le nom de *couverte*, parce qu'elles *couvrent* la poterie d'un vernis ou d'un enduit plus ou moins semblable au verre.

Ainsi, l'*émail blanc* est employé comme couverte sur la faïence brune. Le *minium*, la *litharge*, l'*alquifoux* sont appliqués comme couverte sur quelques poteries et leur donnent une couleur jaune. Il faut éviter de laisser séjourner du vinaigre ou des corps gras dans les poteries communes : car ils pourraient donner naissance à des composés vénéneux. La *silice* ou le *quartz pulvérisé*, la *potasse*, la *soude*, le *sel marin*, le *borax*, le *feldspath* sont employés, mélangés entre eux en diverses proportions, pour couvrir d'une couverte transparente les grès ou les faïences fines dont la pâte est blanche.

5. Porcelaine. — La *porcelaine* est la plus belle et la plus durable de toutes les poteries. On la fabrique avec une argile très fine et très blanche nommée *kaolin*. Quand, à

Fig. 22. — Fabrication de la porcelaine au tour.

·a suite de divers traitements, dont le plus important est la malaxation, la pâte a acquis une consistance suffisante, on la façonne, soit *au tour* (*fig.* 22), soit *par le moulage (fig.* 23). Après la première cuisson, on applique sur la porcelaine une couverture formée de *feldspath,* roche siliceuse réduite en poudre. En fondant, la

Fig. 23. — Fabrication de la porcelaine par le moulage.

couverte donne à la porcelaine l'aspect brillant et poli qui la distingue.

6. Mortiers. — Les *mortiers* sont des mélanges de chaux, de sable et d'eau, qu'on emploie dans les constructions.

5. S. *Petite Chimie.*   9

Il y a deux sortes de mortiers : les mortiers ordinaires et les mortiers *hydrauliques* destinés à être employés sous l'eau, où ils ont la propriété de durcir.

Les mortiers ordinaires se font avec la chaux grasse, qui consomme beaucoup de sable et d'eau et a plus de *liant* que la chaux maigre. Ces mortiers durcissent lentement par l'évaporation de l'eau, et parce que la chaux qu'ils contiennent absorbe l'acide carbonique de l'air pour former un carbonate.

Les mortiers hydrauliques durcissent sous l'eau et se font avec une espèce de chaux appelée *chaux hydraulique*. Elle contient de $\frac{1}{10}$ à $\frac{1}{5}$ d'argile, et se trouve dans quelques localités. Mais, la chaux hydraulique naturelle étant trop rare pour suffire à la consommation, on a trouvé le moyen d'en fabriquer partout, en calcinant un mélange de chaux et d'argile.

La chaux est plus ou moins hydraulique, suivant la proportion d'argile qu'on y introduit.

7. **Ciments.** — Quand la chaux est très hydraulique, c'est-à-dire quand elle con-

tient de 20 a 30 parties pour 100 d'argile, on la calcine et on obtient un ciment qui se durcit en peu d'heures. On trouve en Angleterre et en France, à Pouilly, à Vassy, des calcaires de cette sorte.

On peut fabriquer des ciments artificiels en calcinant ensemble de la chaux avec 40 pour 100 d'argile. Tels sont le *ciment romain* à prise rapide, le *ciment de Portland* à prise lente.

Enfin, dans la confection des ciments, on peut remplacer la chaux hydraulique par de la chaux grasse mélangée à des tuiles ou briques pilées, à de la *pouzzolane.* Cette dernière substance est une argile qu'on trouve à Pouzzoles, et qu'on peut fabriquer artificiellement en calcinant de l'argile et du sable.

Questionnaire.

1. De quoi sont composées les différentes espèces de verre? — Comment fabrique-t-on le verre?

2. Quelles substances entrent dans la composition du cristal? — Comment peut-on colorer le verre et le cristal?

3. Qu'est-ce que l'émail? — A quoi est employé l'émail?

4. Avec quelle sub-

stance sont faites les poteries ? — Comment rend-on brillante et imperméable la terre des poteries ?—Quelles substances emploie-t-on pour faire la couverte des poteries ?

5. Qu'est-ce que la porcelaine ?—Avec quoi est-elle faite ?

6. De quelles substances se composent les mortiers ? — Comment se fait le mortier ordinaire ?—Qu'appelle-t-on mortier hydraulique?—Comment peut-on fabriquer la chaux hydraulique ?

7. De quoi sont formés les ciments ?—Comment remplace-t-on dans les ciments la chaux hydraulique?

CHAPITRE XX.

Substances organiques. — Propriétés générales. — Principes immédiats. — Sucres.—Alcool; éther, chloroforme.

1. Substances organiques. — On nomme *chimie organique* cette partie de la chimie qui s'occupe de l'étude des substances provenant des êtres organisés, c'est-à-dire des plantes et des animaux.

Parmi les substances organiques, les unes

sont composées seulement de carbone et d'hydrogène. Un plus grand nombre résultent de la combinaison de trois corps : le carbone, l'hydrogène, l'oxygène. Enfin, toutes les substances animales contiennent un quatrième corps, l'azote, qu'on trouve aussi dans un grand nombre de plantes.

Indépendamment des éléments qui les constituent, les substances organiques contiennent en petite quantité quelques corps minéraux simples ou composés. Ainsi, le fer existe dans le sang des animaux ; le phosphate de chaux forme en partie leurs os ; le sel marin se retrouve dans leurs humeurs ; la silice entre dans la composition des plantes, le soufre dans la moutarde, etc.

Toutes les substances organiques sont décomposées par la chaleur et ne laissent, quand on les brûle, d'autre résidu que du charbon et une quantité plus ou moins grande de sels ou de substances minérales. Les autres éléments qui les composent se dégagent sous forme de gaz.

Les substances végétales simplement

chauffées ou distillées[1] donnent de l'eau, du goudron, du vinaigre.

Les substances animales distillées donnent de l'ammoniaque, à cause de l'azote qu'elles contiennent.

2. On appelle *principes immédiats* les substances qu'on trouve toutes formées, et présentant toujours la même composition dans les êtres vivants. Ainsi, le sucre existe dans la canne à sucre, dans la betterave, etc., avec les mêmes propriétés; il suffit de l'extraire de ces végétaux.

3. **Sucres.** — On connaît en chimie plusieurs espèces de *sucres*, le *sucre de canne*, le *sucre de raisin* ou *glucose*, le *sucre de lait*. Ils ont tous une saveur plus ou moins semblable à celle du sucre ordinaire; ils ont tous la propriété caractéristique de se transformer en *alcool* ou *esprit-de-vin* et en acide carbonique, quand on les mélange dans un liquide à la levure de bière ou à un autre ferment. On donne le nom de *fermentation alcoolique* à la transformation qu'ils subissent ainsi.

1. Voir, pour la distillation, chap. III.

Le sucre ordinaire ou *cristallisable* est un corps blanc bien connu, soluble dans l'eau, et qui, chauffé, se transforme en *caramel*.

Le sucre candi est du sucre cristallisé dans une dissolution (*fig.* 24). Le *sucre d'orge* est du sucre fondu qui se solidifie

Fig. 24. — Sucre candi.

par le refroidissement. Le sucre existe dans la canne à sucre et dans la racine de betterave.

Pour extraire le sucre des tiges de la *canne à sucre* (*fig.* 25), on broie ces tiges entre des cylindres. Le suc qui s'en écoule est évaporé et réduit à l'état de sirop ou de *cassonade*, puis, au moyen de chaux, débarrassé des impuretés qu'il contient.

Pour raffiner le sucre, on décolore le sucre brut, préalablement dissous dans

Fig. 25. — Plant de canne à sucre.

La canne à sucre est cultivée en grand dans les régions chaudes des deux Amériques et dans les colonies de la région des tropiques.

l'eau, avec du noir animal. On le filtre et on le fait ensuite cristalliser en pains avant de le livrer au commerce. La partie non cristallisée constitue la *mélasse*, que l'on utilise pour la fabrication du rhum, de la bière, du pain d'épice, etc.

Le *sucre de raisin* a les mêmes propriétés chimiques que celui qu'on fabrique avec la fécule, et qu'on appelle *glucose, sucre de fécule, sucre d'amidon.* C'est cette espèce de sucre qui existe dans le miel, dans les fruits mûrs, à la surface des fruits secs, tels que figues, pruneaux, etc. La glucose ou sucre de raisin a pour caractère particulier de ne pouvoir cristalliser comme le sucre de canne ou de betterave. On s'en sert pour composer des sirops, des liqueurs, des confiseries; pour fabriquer la bière, l'alcool; pour améliorer les vins peu alcooliques; mais ce sucre ne donne jamais que des produits d'une qualité inférieure et sucre trois fois moins que le sucre ordinaire.

On fabrique la glucose en délayant la fécule de pomme de terre dans de l'eau chauffée et contenant une très faible quantité d'acide sulfurique. Le produit obtenu est un sirop, qu'on peut concentrer et transformer en pains blancs, assez semblables au savon, et de saveur agréable et sucrée.

La glucose se produit naturellement dans l'orge germée par la présence d'un ferment nommé *diastase*. C'est pour cette raison que les brasseurs emploient l'orge germée, afin d'obtenir dans la bière la fermentation alcoolique résultant de la présence de la glucose.

Le *sucre de lait* a, de tous les sucres, la saveur la moins douce. Il n'existe pas en même quantité dans le lait de tous les animaux : c'est le lait d'ânesse qui en contient le plus. C'est cette substance qui, par sa fermentation, donne au lait la propriété de devenir aigre, de *cailler*, et qui, dans cette fermentation, produit un peu d'alcool : aussi, dans certains pays peu civilisés, le lait fermenté remplace-t-il quelquefois les autres boissons alcooliques. Le sucre de lait ne sert qu'en médecine.

4. Alcool. — L'*alcool* ou *esprit-de-vin* est un liquide transparent, d'une odeur agréable, d'une saveur chaude, qui dissout les résines, les essences, les corps gras. Il s'enflamme facilement et brûle avec une flamme bleue. Le *trois-six*[1] est un alcool du com-

1. Le *trois-six* est ainsi nommé parce qu'en y ajoutant son volume d'eau on a le double en eau-de-vie (3 d'alcool pour 6 d'eau-de-vie).

merce, qui contient 85 parties d'alcool pour 15 d'eau.

On obtient l'alcool en distillant le vin, les marcs de raisins : c'est celui auquel on donne dans le commerce le nom d'*alcool bon goût;* on l'obtient aussi avec la fécule de pommes de terre ou avec l'amidon des céréales, du seigle en particulier, préalablement saccharifiés, c'est-à-dire transformés en sucre à l'aide de l'acide sulfurique ou de la diastase. On le fabrique encore en faisant fermenter le jus sucré de la betterave. Les résidus de la distillation des graines, des betteraves, qui ont subi la fermentation alcoolique, s'appellent *vinasses.*

En distillant le bois en vase clos, on obtient un alcool nommé *esprit-de-bois,* qui remplace l'alcool de vin dans les usages industriels, mais non dans les boissons : car il conserve toujours une odeur désagréable.

Tous ces alcools sont inférieurs en qualité à l'alcool de vin et reçoivent le nom d'alcool *mauvais goût.* On leur donne aussi le nom de la substance d'où ils proviennent : *alcool de pommes de terre, de betteraves,* etc.

Quand un alcool est trop faible, c'est-à-dire contient trop d'eau, on le distille de nouveau : cela s'appelle *rectifier* l'alcool. L'alcool rectifié peut contenir jusqu'à 90 et même 100 pour 100 d'alcool pur.

5. Pour reconnaître la force des alcools du commerce, on se sert d'un instrument appelé *alcoolomètre*. C'est un tube de verre sur lequel sont gravés des chiffres ou degrés indiquant immédiatement la quantité d'eau et d'alcool du liquide examiné. Ainsi, par exemple, si l'alcoolomètre marque 80 degrés, cela indique que l'esprit-de-vin qu'on essaye contient 80 parties d'alcool pur et 20 parties d'eau.

Le produit de la distillation des liquides alcooliques prend le nom d'*eau-de-vie* quand il contient environ 50 pour 100 d'alcool; d'*esprit*, quand il en contient de 60 à 90 pour 100; d'*alcool*, quand il renferme au moins 90 pour 100 d'alcool pur.

L'eau-de-vie n'est donc autre chose qu'un alcool étendu d'eau. La meilleure eau-de-vie provient de la distillation du vin ou des marcs du raisin : tel est le *cognac*. Comme les alcools, les eaux-de-vie sont souvent désignées par le nom de la substance avec laquelle on les fabrique : ainsi, *l'eau-de-vie de grains*, *l'eau-de-vie de genièvre*, etc.

6. C'est l'alcool qui donne leur force aux vins comme à toutes les boissons fermentées, telles que la bière, le cidre, le poiré. Les vins contiennent une quantité d'alcool plus grande que le cidre ou le poiré ; la bière en contient moins que ces deux liquides. C'est l'alcool qui rend ces boissons dangereuses pour ceux qui en prennent sans mesure. Pur, l'alcool est un véritable poison ; à l'état d'eau-de-vie, il tue lentement ceux qui en abusent. Enfin l'abus même du vin conduit les ivrognes à l'abrutissement et aux plus graves maladies.

L'alcool a, en outre, de nombreux usages dans les arts et dans les ménages. Il est employé dans la pharmacie, dans la parfumerie, au *vinage* des vins, à la conservation des fruits et à la préparation des liqueurs.

L'alcool mauvais goût est employé à composer les vernis, à préparer les couleurs artificielles, à conserver les objets d'histoire naturelle. Il sert comme combustible à alimenter certaines lampes.

7. C'est avec l'alcool qu'on prépare l'*éther*[1]. Ce liquide est limpide, sans couleur, d'une odeur forte et agréable, très inflammable; il ne faut point le manier près des corps enflammés. Il est employé en médecine et dans les arts.

Il dissout bien les graisses, les résines, et s'emploie pour cette raison à extraire ces produits naturels des corps qui les contiennent.

C'est avec l'alcool et le chlorure de chaux qu'on prépare le *chloroforme*, liquide dont la médecine fait aujourd'hui un usage si merveilleux pour supprimer la douleur dans les opérations de chirurgie. En le faisant respirer aux malades, on produit chez eux le sommeil et une insensibilité complète.

---

1. Il y a plusieurs espèces d'éthers : le plus usité, et celui dont nous voulons parler, c'est l'éther *sulfurique.*

Questionnaire.

1. Quelle est la composition des substances organiques? — Quel est l'effet de la chaleur sur les substances animales et sur les substances végétales?

2. Qu'appelle-t-on principe immédiat?

3. Quel est le caractère des sucres?—Combien y a-t-il de sucres? —Comment extrait-on le sucre ordinaire? — Qu'est-ce que la glucose? — Comment la fabrique-t-on? — Comment se produit-elle dans l'orge? — Le sucre de lait se trouve-t-il dans le lait de tous les animaux? — Que produit la fermentation du sucre de lait?

4. Quels sont les caractères de l'alcool? — Quels sont les différents alcools?

5. Comment apprécie-t-on leur force? — D'où tire-t-on les alcools? — Qu'appelle-t-on rectifier l'alcool?

6. L'alcool a-t-il des inconvénients pour ceux qui en boivent?—Existe-t-il dans beaucoup de liquides? — Quels en sont les usages?

7. Qu'est-ce que l'éther et le chloroforme?

CHAPITRE XXI.

*Vin; sa fabrication ; ses maladies. — Vinaigre.
— Cidre. — Bière.*

1. Vin. — Le *vin* résulte de la fermentation naturelle du jus de raisin, dont on a écrasé les grains. Le jus de raisin, qu'on appelle alors *moût*, contient de l'eau, du sucre, des sels et des matières organiques. Ce sont ces matières qui servent de *ferments*, c'est-à-dire qui causent la fermentation alcoolique par laquelle le sucre contenu dans le jus du raisin se transforme en alcool et en acide carbonique. Ce gaz se dégage avec plus ou moins de force dans la cuve qui contient le raisin écrasé (*fig.* 26), et soulève à la surface du liquide les grains restés entiers, les pellicules, les pépins, les grappes. C'est ce qu'on nomme le *chapeau*. Après six ou huit jours, quand la fermentation s'est ralentie, on soutire le vin pour le mettre dans des foudres, où elle s'achève lentement, en faisant un dépôt qu'on appelle la *lie*. On le soutire après qu'il a assez déposé, et, pour

Fig. 26. — Fabrication du vin.

l'éclaircir complètement avant de le boire, on le soumet au *collage*.

Quand on veut augmenter la *vinosité* du vin, c'est-à-dire la quantité d'alcool qu'il contient, on ajoute du sucre ou de la glucose au jus de raisin dans les cuves. On peut aussi, quand la fermentation se fait mal, parce que le moût est trop aqueux, le concentrer en le chauffant dans des chaudières.

Quand on veut rendre le vin mousseux, on met de 3 à 5 pour 100 de sucre dans les bouteilles bien fermées et solidement bouchées.

Le vin blanc est fabriqué soit avec du raisin blanc, soit avec du raisin noir. Comme c'est la pellicule du raisin noir qui communique au vin sa couleur rouge, on sépare les graines du jus avant sa fermentation. Le moût fermente alors sans se colorer.

Le vin contient, suivant sa provenance et sa qualité, une quantité d'alcool qui varie de 6 à 18 parties pour 100 d'eau[1].

Le vin renferme, en outre, des matières colorantes, du tanin et quelques sels. Le plus abondant de ces sels est le *bitartrate* ou *tartrate acide de potasse*. C'est ce sel qui forme souvent, dans les tonneaux, ces

1. Les vins de Bourgogne contiennent de 10 à 12 p. 100 d'alcool ; les vins de Bordeaux de 11 à 14 p. 100 ; les vins d'Orléans et de Blois de 8 à 9 p. 100 ; les vins d'Espagne de 15 à 23 p. 100, etc.

incrustations brillantes qu'on appélle *tartre*.

Le *collage* est une opération qui consiste à clarifier le vin avec une substance entraînant au fond du tonneau toutes les matières qui en troublent la limpidité. On emploie pour le collage la gélatine, les blancs d'œufs, le sang de bœuf, qu'on agite dans le liquide.

2. Le vin est sujet à plusieurs maladies ou altérations naturelles, qui le rendent impropre à servir de boisson. Voici les principales maladies du vin :

L'*acescence* ou *acidité* du vin le fait passer à l'état de vinaigre. Elle se produit par une fermentation trop vive ou trop prolongée; par l'entrée de l'air dans les tonneaux. — On y remédie en ajoutant au vin de 200 à 250 grammes de *tartrate neutre de potasse* par barrique.

La *pousse* est aussi une fermentation vive qui se produit dans les tonneaux, et qui donne au vin un goût amer. Il faut transvaser le vin dans un fût fraîchement soufré, y ajouter un peu d'alcool, le coller et le tirer au clair.

La *graisse* rend les vins filants et gluants. Elle se produit surtout dans les vins blancs. On ajoute dans la pièce du tanin (de 15 à 20 grammes) ou des substances astringentes, c'est-à-dire contenant du tanin, telles que des copeaux de chêne, des pépins de raisin réduits en poudre, etc. En chauffant les vins à 60 degrés pendant quelques minutes, on assure leur conservation, et ils s'améliorent en vieillissant.

3. **Vinaigre**. — Le *vinaigre*, ainsi que son nom l'indique, est formé par le vin aigri. Quand l'alcool contenu dans le vin se trouve exposé à l'air et en contact avec un ferment, le vin se transforme en vinaigre.

Pour faire le vinaigre, on met le vin ou l'eau-de-vie dans des tonneaux ouverts, en contact avec l'air et avec des substances qui servent de ferments, tels que des copeaux de hêtre, de la levure de bière, de la *mère de vinaigre*[1] ou avec les moisissures ou champignons qui se développent à la surface des vins abandonnés à l'air.

---

1. On appelle ainsi le dépôt glaireux qu'on trouve au fond des tonneaux où le vin est devenu du vinaigre.

Tous les liquides contenant de l'alcool et des matières susceptibles de fermenter peuvent produire du vinaigre ; mais on ne l'extrait guère que du vin et de l'eau-de-vie.

On prépare le *vinaigre de bois* en distillant le bois et en purifiant le produit de la distillation des impuretés qu'il contient. Mais ce vinaigre, inférieur au vinaigre de vin pour l'usage de la table, est surtout employé dans l'industrie. C'est avec le vinaigre de bois qu'on prépare l'acide acétique.

4. Cidre. — Cette boisson se prépare avec le jus fermenté des pommes. On écrase les fruits à l'aide d'appareils qui varient suivant les localités, et on les expose écrasés à l'action de l'air. Soumis ensuite au pressoir, ils laissent écouler leur jus, que l'on fait fermenter dans des tonneaux, où il se clarifie en se reposant. Le bon cidre contient 6 pour 100 d'alcool. Le *poiré* est une boisson analogue préparée avec des poires.

5. Bière. — Cette boisson fermentée se prépare avec de l'orge et du houblon. On humecte l'orge pour en obtenir le *malt*. Ce malt, qui n'est autre chose que de l'orge germée, contient de l'amidon et de la *diastase*. Cette dernière substance, qui se forme dans l'orge germée, est un ferment qui transforme en glucose tout l'amidon que renferment encore les grains d'orge[1]. On fait fermenter le malt dans une cuve à double fond remplie d'eau très chaude, dite

Fig. 27. — Houblon.

cuve-*matières*. Le liquide résultant de

1. Une partie de diastase suffit pour transformer en glucose 2 000 parties de fécule ou d'amidon.

cette opération se nomme *moût;* il est soutiré, puis bouilli avec du houblon, qui lui donne l'odeur et la saveur agréables qu'on trouve dans la bière (*fig.* 27). Le moût, ainsi houblonné, est soumis à la fermentation alcoolique, qu'on détermine avec la levure de bière. On remplace quelquefois dans la fabrication de la bière le malt par la glucose, qui ne le vaut pas.

La composition et la force des bières varient en raison des proportions de malt et de houblon employées. Les bières anglaises, nommées *ale, porter,* renferment plus d'alcool que les bières de Bavière ou de France. Ces dernières sont de forces très différentes, et contiennent depuis 1 jusqu'à 4 pour 100 d'alcool.

Questionnaire.

1. Comment le jus du raisin produit-il le vin? — Comment augmente-t-on la vinosité du vin? — Comment rend-on le vin mousseux? — Quelles substances contient le vin? — Qu'appelle-t-on collage du vin?

2. Quelles sont les maladies du vin? — Com-

ment peut-on y remé-
dier?

3. Qu'est-ce que c'est
que le vinaigre?—Com-
ment fabrique-t-on le
vinaigre?—Y a-t-il plu-

sieurs espéces de vi-
naigre?

4. Comment prépare-
t-on le cidre?

5. Comment se fait la
bière ?

CHAPITRE XXII.

*Acides organiques. — Acides acétique, oxa-
lique, tartrique, lactique, tannique, phénique, picrique. — Alcaloïdes : quinine,
morphine, strychnine.*

1. Acides organiques. — Il existe dans les
corps organisés, et surtout dans les végétaux, un nombre assez considérable d'acides,
auxquels on donne, en raison de leur provenance, le nom d'*acides organiques*. Quelquefois ces acides sont libres, comme l'acide
citrique, par exemple, qu'on tire du citron ;
le plus souvent ils sont combinés avec des
bases. Ainsi, dans le raisin, l'acide tartrique
est uni à la potasse. Voici les acides organiques les plus connus :

2. Acide acétique. — *L'acide acétique* est un liquide limpide et sans couleur, d'une odeur extrêmement piquante, d'une saveur caustique. C'est cet acide qui donne au vinaigre ses propriétés acides : le vinaigre n'est, à proprement parler, que de l'acide acétique étendu d'eau et contenant quelques autres substances, telles que des aromates, des sels, des matières colorantes, etc. Aussi peut-on extraire l'acide acétique du vinaigre, en le concentrant, en le distillant. Mais habituellement on se procure l'acide acétique en distillant le bois, chauffé dans des cylindres de fonte.

Le produit de la distillation contient de l'acide acétique, du goudron, et d'autres substances, dont il faut séparer l'acide par une nouvelle distillation pour l'avoir pur.

L'acide acétique impur obtenu par la distillation du bois s'appelle *acide pyroligneux :* c'est un liquide brun jaunâtre, d'une saveur acide, et qui a l'odeur de goudron et de fumée.

C'est avec l'acide pyroligneux qu'on prépare plusieurs acétates métalliques usités dans les arts, tels que l'acétate de plomb, l'acétate de cuivre, l'acétate ou pyrolignite de fer, qui sert à la conservation des bois et à la teinture en noir. C'est à ce dernier sel qu'on donne le nom de *mordant de rouille*, de *bouillon noir*.

L'acide acétique n'existe dans les végétaux que combiné avec la soude, avec la chaux.

3. **Acide oxalique.** — *L'acide oxalique* existe dans l'oseille à l'état d'*oxalate de potasse* ou *sel d'oseille*. C'est de ce sel que l'on tire l'acide oxalique. Cet acide est en cristaux blancs, d'une saveur aigre et piquante, soluble dans l'eau. Il est très vénéneux.

L'acide oxalique forme l'*eau de cuivre*, avec laquelle on nettoie le cuivre ; en teinture, il sert à ronger ou à détruire les couleurs. — Le sel d'oseille enlève les taches d'encre sur les étoffes. Avec le bleu de Prusse, il donne une belle encre bleue.

4. **Acide tartrique.** — *L'acide tartrique* est en poudre blanche ou en cristaux blancs demi-transparents. Il a une saveur acide agréable et se dissout dans l'eau.

L'acide tartrique existe dans beaucoup de fruits, et notamment dans le raisin, à l'état de *bitartrate de potasse*. C'est de ce sel, nommé *tartre*, qu'on tire l'acide tartrique.

Cet acide, mêlé au *bicarbonate de soude*, sert à faire l'eau gazeuse dans les appareils portatifs. On emploie aussi l'acide tartrique dans l'impression des tissus.

La *crème de tartre*, employée en médecine, est un bitartrate de potasse.

Le sel de *Seignette*, qui a le même usage, est un tartrate de potasse et de soude.

5. **Acide lactique.** — *L'acide lactique* existe tout formé dans le petit-lait, auquel il donne son aigreur : il résulte de la fermentation du sucre contenu dans le lait. C'est à ce produit que la choucroute doit son acidité; c'est l'acide lactique qui se forme dans le riz et dans les légumes farineux bouillis et tournés à l'aigre.

6. **Acide tannique.** — Le *tanin*, ou *acide tannique*, quand il est pur, est une poudre jaunâtre, extrêmement légère, d'une saveur très âpre, soluble dans l'eau.

Le tanin existe dans une foule de végétaux, dans le brou de noix, dans l'écorce de chêne, dans la noix de galle. C'est le tanin qui donne à toutes ces substances leur saveur âpre ou *astringente*. C'est à ce produit que le *tan* ou écorce de chêne pulvérisée doit la propriété de durcir les peaux des animaux dans l'opération du *tannage* et de les rendre imputrescibles en les transformant en cuir.

Le tanin forme avec les sels de fer dissous dans l'eau un précipité noir qui est la base de l'encre ordinaire.

7. **Acide phénique.** — *L'acide phénique,* qu'on nomme aussi *acide carbolique* ou *phénol,* s'extrait du goudron de houille. Quand il est pur, c'est un corps en cristaux blancs qui se liquéfie à l'air en se colorant en rose, qui a une odeur caractéristique et une saveur brûlante. Il se dissout dans l'eau et brûle avec une fumée épaisse. L'acide phénique du commerce est impur et coloré en brun foncé. On emploie l'acide phénique à assainir les locaux ou les objets infectés, à préparer les matières colorantes. Il est usité en médecine comme caustique et aussi comme désinfectant.

8. **Acide picrique ou carbazotique.** — *L'acide picrique* ou *carbazotique* est en

cristaux jaunes, d'une saveur amère, soluble dans l'eau. Il sert à teindre la soie en jaune. Les picrates formés par cet acide avec les alcalis sont des corps explosibles et dangereux à manier. On les emploie dans la confection des torpilles sous-marines.

9. Alcaloïdes. — On donne le nom d'*alcaloïdes* à certains corps tirés des végétaux et susceptibles de se combiner avec les acides pour former des sels, comme le font les oxydes. Leur nom se termine toujours en *ine.*

Les alcaloïdes sont généralement en poudre blanche ou en petits cristaux blancs, plus solubles dans l'alcool que dans l'eau. Ils ont tous une saveur très amère, et la plupart sont des poisons violents. On ne les emploie qu'en médecine. Ils ont une action semblable à celle des plantes médicinales dont la chimie les extrait, mais qui peut être dix fois, cent fois plus énergique.

Les principaux alcaloïdes sont : la *quinine,* qui est tirée du quinquina ; la *morphine,* la *codéine,* du pavot ; la *strychnine,* de la noix vomique ; l'*atropine,* de la belladone ; la *digitaline,* de la digitale ; la *nico-*

tine, du tabac, auquel elle donne ses propriétés vénéneuses.

Questionnaire.

1. D'où viennent les acides organiques ?

2. Qu'est-ce que l'acide acétique ? — D'où tire-t-on l'acide acétique ? — Qu'appelle-t-on acide pyroligneux ?

3. D'où vient l'acide oxalique ? — A quoi sert-il ?

4. Qu'est-ce que l'acide tartrique ?—Quels en sont les usages ?

5. Où se forme l'acide lactique ?

6. Qu'est-ce que l'acide tannique?—Où le trouve-t-on ?—Quelle propriété donne-t-il à l'écorce de chêne?—Que fait-on encore avec le tanin?

7. Qu'est-ce que l'acide phénique ? — A quoi sert-il ?

8. Quels sont les caractères de l'acide picrique ?—Quels en sont les usages ?

9. Qu'appelle-t-on alcaloïdes?—Comment reconnaît-on les alcaloïdes ? — Quels sont les principaux alcaloïdes?

CHAPITRE XXIII.

*Fécule ; amidon.—Dextrine.—Farine ; gluten.
— Fabrication du pain. — Cellulose.*

1. Fécule ; amidon. — La *fécule* est une poudre blanche, légère, d'un goût fade, qui se délaye dans l'eau froide, sans s'y dissoudre, et qui se gonfle dans l'eau chaude, en formant une espèce de colle nommée *empois.*

On réserve le nom de *fécule* à celle qui provient des pommes de terre ou d'autres tubercules. On nomme *amidon* la fécule qui est tirée des graines de blé et des céréales. Les aliments connus sous les noms de *tapioca, sagou, arrow-root,* etc., sont des fécules tirées des plantes étrangères.

Fig. 28. — Râpage de la pomme de terre.

On extrait la fécule des pommes de terre en les râpant (*fig.* 28), et en soumettant le produit du râpage à un courant d'eau, qui entraîne la fécule et laisse sur un filtre les matières étrangères. Il ne reste plus qu'à faire sécher la fécule ainsi séparée.

On obtient l'amidon en lavant la pâte de farine sur un filtre. On le prépare aussi en faisant fermenter la pâte jusqu'à ce qu'elle soit *putréfiée* ou décomposée. L'amidon reste intact et en est séparé par des lavages. Dans les amidonneries, on se sert, pour produire la fermentation, des *eaux sures*, c'est-à-dire d'eaux chargées de matières décomposées et infectes, qui sont déjà le produit de la même opération.

La fécule sert à donner l'apprêt aux tissus, à coller le papier, à fabriquer la glucose.

On connaît les usages de l'amidon dans les ménages.

On reconnaît la fécule ou l'amidon contenu dans un liquide à ce qu'il forme une couleur bleue dès qu'on verse dans le liquide, après qu'il a bouilli, quelques gouttes de teinture d'iode : c'est ainsi qu'on découvre certaines falsifications.

Il est parfois important de pouvoir reconnaître l'origine des fécules employées dans l'industrie. Le microscope permet d'arriver à ce résultat d'après le volume et l'aspect des grains.

2. Dextrine. — La *dextrine* est une poudre d'un blanc jaunâtre, fort semblable à l'amidon par ses autres propriétés. On prépare la dextrine en chauffant l'amidon ou la fécule dans un four à une température de 150 à 200 degrés.

La dextrine sert à donner l'apprêt aux étoffes et à remplacer la gomme, qui est chère, dans l'application des couleurs sur les tissus imprimés. Délayée dans l'eau, elle forme une colle d'un usage très commode.

3. Farine; gluten. — La farine du blé, ainsi que celle des céréales, est le produit de la mouture des grains débarrassés du son par le criblage ou tamisage; elle se compose de deux substances : l'*amidon*, duquel nous venons de parler, et le *gluten*.

Le *gluten* est une substance grisâtre, molle, élastique, sans odeur ni saveur. Le gluten ne se dissout pas dans l'eau et donne à la pâte son liant. C'est cette substance surtout qui donne à la farine et au pain ses propriétés nourrissantes, en raison de la grande quantité d'azote qu'elle contient. Le *blé dur* contient plus de gluten que le *blé blanc* ou *blé tendre*[1]. Le blé en contient plus que le seigle, etc.

On obtient facilement le gluten en préparant l'amidon. Le courant d'eau auquel on soumet la pâte entraîne l'amidon, et il reste une substance qui n'est autre chose que le gluten (*fig.* 29). Le gluten des amidonneries où l'on emploie ce procédé de fabrication se vend sous le nom de *gluten granulé*. C'est un aliment salubre. Mélangé à des farines, il constitue les pâtes alimentaires connues sous le nom de *vermicelle, macaronis, pâtes d'Italie.*

4. Fabrication du pain. — Pour faire le pain, on ajoute à la farine son poids environ d'eau pure et du *levain.* On appelle ainsi la pâte que l'on fait aigrir ou fermenter au moyen de la levure de bière. On pétrit la pâte à bras ou avec des machines, et quand

---

1. Le blé dur contient de 15 à 20 p. 100 de gluten; le blé tendre, de 10 à 15 p. 100.

le pétrissage est terminé, on divise la pâte
en pains. On attend que la fermentation qui

Fig. 29. — Préparation du gluten par malaxation de la pâte
sous un filet d'eau.

s'opère ait gonflé ou fait *lever* cette pâte.
En effet, le levain, qui est un ferment,
transforme en glucose une partie de l'a-
midon de la farine. Cette glucose fermente,

à son tour, et dégage du gaz acide carbonique, qui soulève la pâte et y creuse les trous qu'on voit dans la mie. Quand le pain est assez levé ou gonflé, on l'enfourne et on le fait cuire pendant une demi-heure environ. 100 kilog. de farine donnent 135 kilog. de pain.

Les farines qui ne contiennent pas de gluten ne peuvent pas faire de bon pain, parce qu'elles n'ont pas la propriété de *lever* comme la farine de blé ou de seigle. Ainsi, l'orge, le sarrasin, qui ne contiennent pas de gluten, ne donnent qu'un pain compact et lourd.

5. **Cellulose.** — La *cellulose* est la substance qui constitue la trame fibreuse des végétaux, depuis l'humble plante jusqu'aux plus grands arbres. C'est une substance blanche, solide, filamenteuse, douce au toucher, insoluble dans la plupart des liquides. C'est dans ses mailles que se dépose la substance incrustante composée de matières colorantes et azotées, de sels minéraux. La substance incrustante est d'autant plus abondante que le bois est plus dur; c'est la cellulose qui constitue le pa-

pier, le coton-poudre, le parchemin végétal [1].

Questionnaire.

1. Quels sont les caractères de la fécule?—Y a-t-il plusieurs fécules?—Comment les prépare-t-on ? — Quels en sont les usages?

2. Qu'est-ce que la dextrine?—A quoi sert-elle?

3. Que contient la farine?—Qu'est-ce que le gluten?—Où se trouve-t-il ? — Comment l'obtient-on?

4. Comment se fait le pain?—Comment la pâte fermente-t-elle? — Que se passe-t-il dans cette fermentation ?

5. Qu'est-ce que la cellulose ? — Où la rencontre-t-on ?

CHAPITRE XXIV.

Corps gras. — Composition des corps gras; glycérine; dynamite. — Savons. — Bougies stéariques. — Essences. — Résines. — Baumes. — Caoutchouc. — Gutta-percha.

1. Corps gras. — Les *corps gras* se trouvent dans le règne végétal et dans le règne

1. On prépare le *parchemin végétal* en plongeant du papier dans de l'acide sulfurique étendu de son poids d'eau.

animal. Ce sont, pour les premiers, les *huiles;* pour les seconds, les *graisses*, le *beurre*, le *suif*, la *moelle*, la *cire.*

On obtient les *huiles* en exprimant dans des appareils appropriés les fruits ou les graines des plantes oléagineuses [1].

Les *graisses* se trouvent toutes formées dans certaines parties du corps des animaux. Le *suif* est la graisse du mouton, du bœuf, du veau, fondue et épurée. La *moelle* est une substance molle et grasse qui remplit la cavité des os. Le *beurre* se prépare avec la crème enlevée au lait. La *cire* provient du miel que fabriquent les abeilles [2] ou de certains arbres qu'on trouve en Chine et dans l'Amérique du Nord.

Le *blanc de baleine* ou *spermaceti* se trouve dans le cerveau des baleines. C'est un corps blanc, de consistance molle, avec lequel on fait des bougies, et qui sert en pharmacie, en parfumerie.

Tous les corps gras sont combustibles et ont la propriété de faire sur le papier

1. Voir notre *Petite Histoire Naturelle*, chap. **XVI**.
2. *Ibid.*, chap. **XXX**.

C.

des taches transparentes, persistantes. Les graisses, le beurre, le suif, la moelle, la cire, solides à la température ordinaire, fondent sous l'action de la chaleur. Les huiles, liquides à la température ordinaire, se figent par le froid.

Certaines huiles durcissent par l'action de l'air : ce sont les huiles dites *siccatives*, comme celles de lin, de noix, d'œillette[1].

Exposés à l'air, beaucoup de corps gras prennent une odeur forte et deviennent *rances*.

2. **Composition des corps gras.** — Quand on ajoute aux corps gras des alcalis, tels que la chaux, la soude ou la potasse, on les décompose, et l'on reconnaît qu'ils sont formés de plusieurs substances. Ces substances sont : 1° la *glycérine*; 2° les *acides gras*, nommés acides *stéarique, margarique, oléique*.

---

1. On donne par extension le nom d'*huiles minérales* à des liquides très inflammables qui se trouvent dans le sein de la terre en quelques pays, où on les exploite sous les noms *d'huile de schiste, de naphte, de pétrole*. Ces produits naturels sont très employés aujourd'hui dans l'éclairage.

La *glycérine* est un liquide transparent, sans couleur, visqueux, d'une saveur sucrée, qui se dissout dans l'eau. Elle est employée en médecine, dans la parfumerie, etc. Elle peut servir à sucrer les vins de qualité inférieure; on appelle cela *schéelizer* les vins; on s'en sert aussi pour maintenir humides les cuirs, la colle des tisserands, l'argile à modeler. On donne le nom de *nitroglycérine* à un composé très dangereux et très explosible, qui résulte de la combinaison de la glycérine avec l'acide nitrique. C'est en mélangeant dans diverses proportions la nitroglycérine avec des corps sableux, qu'on prépare la *dynamite*. Cette substance est une poudre explosive d'une grande force, qui a la propriété de détoner sous l'eau, et qu'on emploie beaucoup maintenant dans l'exploitation des carrières, des mines, et dans la pratique de l'art militaire.

Les acides gras combinés avec la glycérine en diverses proportions forment la *margarine*, l'*oléine*, la *stéarine*, substances constituant les différents corps gras. Si, à l'aide des alcalis, on sépare les acides gras de la glycérine, ces acides se combinent avec les alcalis pour former des sels, qui ne sont autre chose que les *savons*.

On donne le nom de *beurre de margarine* ou *beurre artificiel* à une préparation obtenue avec de la graisse de bœuf et formée de margarine et d'oléine. Dans quelques cas, cette substance remplace le beurre en cuisine.

3. Savons. — Les *savons* sont des combinaisons d'acides gras avec la soude, la potasse ou d'autres oxydes, qui remplacent la glycérine, avec laquelle ces acides sont unis dans les corps gras : ce sont donc de véritables sels.

Les *savons mous* sont fabriqués avec de la potasse et les huiles végétales de colza, de chènevis, d'œillette, les moins chères, ou avec les huiles de poisson. Le savon noir, savon vert ou savon gras, est un savon très mou qu'on prépare avec de la potasse et des huiles de colza ou de chènevis de qualité inférieure.

Les *savons durs* sont fabriqués avec de la soude et des graisses, du suif, des huiles fines de sésame, d'arachide ou d'olive. On y ajoute, pour leur donner leurs marbrures, des sels de fer; pour les rendre mousseux, des résines en poudre; pour les rendre transparents, de l'alcool.

Le *savon de résine* ou *savon économique* se prépare avec la soude et la résine commune, et permet de savonner avec l'eau de mer ou des eaux calcaires. Il est employé dans la marine principalement, dans les buanderies, dans le collage du papier à la mécanique.

Les *savons de cuivre et de fer* se préparent avec du savon ordinaire et des sels métalliques. Ils servent dans les arts au bronzage des objets moulés en plâtre.

4. Bougies stéariques. — Les bougies en usage aujourd'hui sont fabriquées avec du suif ou de la graisse de bœuf épurée, qu'on fait fondre, et qu'on saponifie, c'est-à-dire qu'on transforme en savon, avec de la chaux vive, quand la fusion est opérée. On emploie ensuite l'acide sulfurique pour décomposer le *savon de chaux* qui s'est formé, et pour séparer les acides gras de cette base. Ces acides sont comprimés dans des sacs, où il ne reste que l'acide stéarique et l'acide margarique, puis de nouveau fondus et coulés dans des moules, où ils prennent la forme des bougies dites *stéariques*.

Un second procédé consiste à saponifier directement les graisses des corps gras par l'acide sulfurique seul : l'acide sulfurique se combine avec la glycérine ; les acides gras devenus libres sont distillés à une haute température et traités comme il a été dit plus haut. Ce procédé, usité dans la plupart des usines, diminue le temps et les frais de l'opération.

5. Essences. — Les *essences*, nommées aussi *huiles volatiles*, *huiles essentielles*, sont des substances généralement liquides, transparentes, d'une odeur forte, d'une saveur brûlante. Les essences sont très inflammables et brûlent en dégageant une fumée noire. Elles font sur le papier des taches transparentes qui disparaissent promptement. Elles se dissolvent bien dans l'alcool, et mal dans l'eau.

Les principales essences sont : les essences de *térébenthine*, de *menthe*, de *rose*, de *bergamote*. Le *camphre* est une essence solide.

On extrait les essences en distillant, mélangées à l'eau, les parties des plantes qui les contiennent. D'autres fois, il suffit de les comprimer, comme on le fait pour l'essence de citron, par exemple.

Elles sont employées à la préparation des vernis ; elles servent de parfums ; quelques-unes sont usitées en médecine.

6. **Résines.** — Les *résines* sont des sucs qui découlent de certains arbres, et qui s'épaississent à l'air.

Les résines une fois devenues solides sont cassantes, jaunâtres ou brunes ; elles ont une saveur âcre et quelquefois une odeur forte. Elles s'enflamment facilement et brûlent avec une épaisse fumée. On peut les dissoudre dans l'alcool, mais point dans l'eau.

Les principales résines sont : la *résine de térébenthine*, la *colophane* ou *arcanson*, qui est le résidu de sa distillation ; la *résine copal*, la *gomme laque*, la *sandaraque*.

Ce qu'on appelle communément *résine* est un mélange de térébenthine brute et d'arcanson.

Les résines sont employées pour faire de la cire à cacheter, des mastics, des vernis.

Il y a des vernis à l'alcool, des vernis à l'essence, des vernis gras préparés avec une résine et des huiles siccatives.

7. Baumes. — Les *baumes* sont des substances qui ont la même origine et les mêmes propriétés physiques que les résines. Ils s'en distinguent surtout par leur composition chimique, par leur odeur douce et agréable, et sont employés en médecine : tels sont le *baume du Pérou*, le *baume de Tolu*, le *benjoin*, etc.[1].

8. Caoutchouc. — Le *caoutchouc* est le suc épaissi d'un arbre qui croît dans l'Inde, au Sénégal et dans l'Amérique méridionale.

Le caoutchouc est une substance molle, élastique, qui découle d'incisions faites à l'écorce de l'arbre. Il brûle avec une flamme vive et ne se dissout que dans l'essence de térébenthine, la benzine, l'éther. Le caoutchouc se ramollit par la chaleur, se durcit par le froid, en perdant son élasticité dans ces deux circonstances. Si on le coupe, les surfaces de coupure se soudent entre elles.

[1]. Il ne faut pas confondre ces baumes, produits de la nature, avec les préparations composées dans les pharmacies, et qui portent le même nom.

Pour lui conserver sa souplesse et son élasticité à toutes les températures, il faut le *vulcaniser*. On *vulcanise* le caoutchouc en le trempant dans du soufre fondu ou dans du *sulfure de carbone*. Le caoutchouc est ainsi combiné avec le soufre, dont il garde l'odeur. Il conserve la forme qui lui a été donnée, mais ne se soude plus à lui-même et ne peut plus se coller sur les étoffes.

Les usages du caoutchouc sont très nombreux. Avec cette substance on fabrique des tissus, des chaussures imperméables, des coussins, des ressorts, des appareils de chirurgie et une foule d'objets.

Le caoutchouc durci se prépare aussi au moyen du soufre. Il a une dureté suffisante pour qu'on puisse en faire des peignes, des tabatières, des boutons, etc.

9. Gutta-percha. — La *gutta-percha* provient, comme le caoutchouc, du suc épaissi d'un arbre de l'Inde.

La gutta-percha est une substance solide, qui a l'aspect et la consistance du cuir. Elle résiste à l'action des acides, se ramollit dans l'eau chaude et ne se dissout que dans les essences et dans le chloroforme.

Pour la travailler, on la pétrit dans l'eau chaude, puis on la réduit au laminoir en feuilles plus ou moins minces. La gutta-percha se soude facilement à elle-même.

On emploie la gutta-percha pour faire des courroies, des moules et des empreintes pour la galvanoplastie et la stéréotypie, des enveloppes pour les fils télégraphiques sous-marins.

Elle sert aussi à faire des appareils de chirurgie, des vases pouvant contenir toutes sortes de liquides.

Questionnaire.

1. Quels sont les corps gras ? — Quelle est l'action de l'air et des alcalis sur les corps gras ?

2. De quoi sont composés les corps gras?— Qu'est-ce que la glycérine, la dynamite ?

3. Qu'entend-on par savons?— Énumérez les différentes espèces de savons ?

4. Comment fabrique-t-on les bougies?

5. Qu'appelle-t-on essences?—A quoi servent les essences ?

6. D'où viennent les résines ? — Quelles en sont les propriétés ? — Quels en sont les usages?

7. Qu'appelle-t-on baumes ?

8. Qu'est-ce que le caoutchouc?—Qu'est-ce

que le caoutchouc vul-
canisé?—A quoi sert le
caoutchouc ?

9. Qu'est-ce que la
gutta-percha? — Quels
en sont les usages ?

CHAPITRE XXV.

Matières colorantes. — Goudrons; distillation du goudron. — Substances extraites du goudron.

1. Matières colorantes. — On nomme *matières colorantes* les substances, généralement empruntées au règne végétal, qui servent à teindre les étoffes, à produire les impressions sur les tissus, à peindre en tout genre. Quelques-unes proviennent des minéraux ; une seulement du règne animal.

Les matières colorantes végétales n'existent pas toujours avec toutes leurs propriétés dans les plantes : plusieurs ne se développent que par l'action de l'air et de la lumière ou par certaines préparations chimiques. Ainsi, par exemple, les racines de la garance, sans couleur au moment où on les coupe, deviennent promptement rouges à l'air. Les couleurs dites *grand teint* résistent à l'action de la lumière; les couleurs *petit teint* passent rapidement.

Les matières colorantes se combinent avec certains oxydes métalliques, l'alumine, par exemple, et forment des composés insolubles nommés *laques*, usités pour la peinture et pour la teinture.

Pour fixer les couleurs sur les tissus, on emploie diverses substances auxquelles on a donné le nom de *mordants*. Les sels d'alumine, d'étain, de fer sont les substances les plus employées dans cette opération, qu'on appelle *mordançage*.

2. Les couleurs bleues sont fournies, dans le règne végétal, par le *tournesol*, le *pastel*[1], l'*indigo;* dissous dans l'acide sulfurique, l'indigo constitue ce qu'on nomme dans les arts le *bleu en liqueur*, *bleu de Saxe* ou de *composition;*

Les couleurs jaunes, par la *gaude*, le *safran*, le *curcuma*, etc.;

Les couleurs rouges, par la *garance*, le

1. Voir notre *Petite Histoire Naturelle*, chap. XVI.

bois de Campêche, le *bois de Brésil*, l'or-
seille, l'orcanète et la *cochenille*, insecte
des pays chauds : c'est avec la cochenille
que l'on prépare la couleur nommée *car-
min ;*

Les couleurs noires ou brunes, par le
brou de noix, le *sumac*, la *noix de galle* et
les *sels de fer*. Un grand nombre de couleurs fort employées sont fournies par une
substance nommée *aniline*, qui se tire du
goudron de houille[1].

3. Goudrons. — Le *goudron* est une substance visqueuse, noire, d'une odeur forte.
La chaleur le rend liquide, le froid le
durcit, et il brûle avec une épaisse fumée
noire.

Le goudron est un mélange de plusieurs
substances, telles que des huiles, des résines, des acides, du charbon.

Il y a deux espèces de goudron, le *goudron végétal* et le *goudron minéral*.

4. On se procure le *goudron végétal* ou
goudron de bois en faisant brûler lentement
du bois de pin ou de sapin ; le goudron, qui

1. Voir page 196.

s'écoule par la chaleur, est recueilli à la partie inférieure des fosses ou des fourneaux construits pour cet usage.

On peut aussi obtenir comme produit accessoire le goudron végétal en distillant d'autres bois.

5. Le *goudron minéral*, nommé aussi *coaltar*, est le résidu de la distillation de la houille dans les usines à gaz. Il est plus noir que le goudron de bois ; il a une odeur plus désagréable.

Le goudron minéral contient de nombreuses substances utilisées dans l'industrie, et qu'on extrait par la distillation. L'une d'elle est la *créosote*.

C'est une substance liquide, caustique, d'une odeur très forte de fumée. La créosote a la propriété de conserver les substances animales ; elle est employée en médecine, ainsi que certaines autres préparations du goudron.

6. En distillant le goudron en plusieurs temps et à des températures déterminées, on obtient successivement des huiles *légères*, des huiles *moyennes*, des huiles *lourdes*.

Les huiles moyennes sont employées pour l'éclairage. Les huiles légères sont connues dans le commerce sous le nom d'*huiles de naphte*. En les distillant de nouveau, on en tire la *benzine*.

7. La *benzine*, qui est un liquide transparent et sans couleur, à odeur forte et désagréable, est très inflammable. On l'emploie dans le dégraissage des étoffes, dans la peinture à l'huile.

C'est avec la benzine qu'on prépare la *nitrobenzine*, appelée dans le commerce *essence de mirbane*. Ce liquide a l'odeur d'amandes amères; on s'en sert dans la parfumerie pour remplacer l'essence d'amandes amères. C'est avec la nitrobenzine qu'on prépare l'*aniline*.

8. L'*aniline* est un liquide incolore, inflammable, vénéneux, qui, traité par des agents oxydants, donne une série de couleurs que l'on emploie en teinture, dans la confiserie. Les couleurs d'aniline ont un grand éclat, mais résistent mal à la lumière. Tels sont le *rouge de rosaniline*, le *bleu* et le *vert lumière*, la *mauvéine*, la *fuchsine*, etc.

9. Des huiles lourdes provenant de la distillation de la houille on tire l'*acide phénique*[1] ;

La *naphtaline*, substance solide, blanche, cristallisée en lamelles, combustible, à odeur forte, qui sert à conserver les pelleteries, et dont on a tiré quelques matières colorantes ;

L'*anthracine*, substance analogue, qui, traitée par des oxydants, donne l'*alizarine*, matière colorante identique à celle de la garance, qu'elle remplace.

La *paraffine* est une substance blanche, solide, transparente, combustible, avec laquelle on fait des allumettes et des bougies. La paraffine se trouve dans le goudron de certaines houilles et dans les résidus de distillation du pétrole.

10. Le goudron distillé laisse pour résidu une substance qu'on appelle *brai liquide*, *brai gras*, ou *brai sec* suivant qu'on a poussé plus loin la distillation. C'est avec le brai gras, le caoutchouc et la gomme laque, qu'on fait la *glu marine* ou *colle marine*,

1. Voir page 172.

employée à souder les pièces de bois dans la construction des navires. — Le brai sert à confectionner des briquettes de houille. Le brai gras mêlé à des ocres forme des couleurs qui préservent le fer, les métaux et le bois de l'action de l'humidité. — Le goudron aussi peut être employé au même usage. Mélangé avec le plâtre, il donne un composé désinfectant très économique, qu'on appelle *coaltar*. Enfin on peut se servir du goudron pour détruire les insectes nuisibles à l'agriculture.

Questionnaire.

1. Qu'appelle-t-on matières colorantes? — D'où les tire-t-on? — Qu'appelle-t-on laques? — Qu'est-ce qu'un mordant?

2. Quelles sont les couleurs principalement employées?

3. Qu'est-ce que le goudron?

4. Comment prépare-t-on le goudron végétal?

— Quelles substances contient-il?

5. D'où tire-t-on le goudron minéral?

6. Comment distille-t-on le goudron? — Quelles sont les substances qu'on en obtient?

7. Qu'est-ce que la benzine? A quoi sert-elle?

8. Quelles sont les

propriétés de l'aniline ? — Quelle en est l'utilité?

9. Que tire-t-on des huiles lourdes de la houille ?

10. Quel est le résidu de la distillation du goudron ?—A quoi est employé le goudron de houille ?

CHAPITRE XXVI.

Albumine. — Fibrine. — Gélatine. — Caséum.

On extrait du corps des animaux des substances utiles, qu'il importe de connaître, et dont quelques-unes sont employées pour les besoins des arts et de l'industrie.

1. Albumine. — L'*albumine* est une substance transparente, gluante, plus lourde que l'eau, et qui, par la chaleur, se prend en une masse blanche compacte.

C'est l'albumine qui se durcit pour former le blanc d'œuf, quand on fait cuire les œufs. Elle existe dans les humeurs et surtout dans la partie liquide ou *sérum* du sang. Elle se trouve aussi dans la farine des céréales et des légumineuses.

L'albumine sert à clarifier le vin, les sirops. Mélangée avec de la chaux vive, elle forme un mastic très solide et très dur. Elle est employée en photographie, et dans l'impression des tissus.

2. **Fibrine.** — La *fibrine* est une substance grisâtre, molle, élastique, sans application dans les arts ; elle forme la chair, c'est-à-dire les muscles, dans les corps des animaux. C'est la fibrine qui donne à la viande ses propriétés nourrissantes. Elle existe aussi

Fig. 80. — Préparation de la gélatine.

dans le sang, auquel elle donne la propriété de se coaguler ou de former un *caillot.* Elle est pour les animaux ce que le gluten, sorte de fibrine végétale, est pour la farine des céréales.

3. Gélatine. — La *gélatine* est une substance solide, cassante, transparente, incolore, quand elle est pure. Elle se ramollit et se gonfle dans l'eau froide, se dissout dans l'eau bouillante, et se prend en gelée par le refroidissement. On prépare la *gélatine* en faisant bouillir dans l'eau (*fig.* 30), pendant plusieurs heures, des tendons, des rognures de parchemin, des débris de peaux débarrassées de leurs poils, des cartilages.

On peut aussi l'extraire des os. Pour cela, on les plonge dans l'acide chlorhydrique, qui leur enlève les sels de chaux qu'ils contiennent; on les fait ensuite bouillir dans l'eau pour dissoudre la gélatine.

La gélatine se vend en lames ou en tablettes, plus ou moins blanches, suivant sa pureté.

La *colle de poisson* est une gélatine très pure, qu'on prépare avec la vessie de l'esturgeon. En raison de son prix élevé, on la remplace par d'autres espèces de gélatine. C'est avec la gélatine pure qu'on prépare les gelées alimentaires, qu'on clarifie le vin et la bière. Elle est employée à faire des pains à cacheter, des images transparentes, etc.

La gélatine impure est plus ou moins brune ; elle a une odeur désagréable : c'est la *colle forte*. Purifiée, elle forme la *colle à bouche*.

4. **Caséum.** — Le lait, abandonné à lui-même, finit par se *cailler*, le sucre de lait qu'il contient se transformant en acide lactique et déterminant ainsi la *fermentation du lait*. Le lait est alors décomposé en trois parties, qui sont, à la surface du liquide, la *crème*, qui en est la partie la plus grasse ; au-dessous de la crème, le *petit-lait* et le *caillé* ou *caséum*. Le *caséum* ou la *caséine* forme le *caillé* ou la partie solide du lait caillé. C'est la partie la plus nourrissante du lait ; c'est le *caséum* qui avec le beurre constitue les fromages. Quand on ne veut pas attendre que le lait se caille naturellement, ce qui arrive plus ou moins

tard, selon la température, on le fait *prendre* ou *cailler* avec la *présure*[1] ou avec quelques gouttes de vinaigre mélangées avec du lait bouillant. On fabrique le beurre avec la crème en l'agitant, dans des appareils appelés *barattes*, jusqu'à ce qu'il soit solide, et en le pétrissant ensuite pour le débarrasser du petit-lait qu'il contient. Pour fabriquer le fromage, on fait égoutter et sécher la partie solide du lait obtenue comme nous venons de le dire. Le lait caillé avant la séparation de la crème forme les *fromages gras;* le lait caillé après cette séparation forme les *fromages maigres,* qui contiennent peu de beurre.

Questionnaire.

1. Qu'est-ce que l'albumine?—Quels en sont les usages ?

2. Qu'appelle-t-on fibrine? —Où trouve-t-on la fibrine?

3. Comment prépare-t-on la gélatine ? — Quelles en sont les propriétés ? —Quels en sont les usages ?

4. Qu'est-ce que la caséine ? — Comment fabrique-t-on les fromages avec la caséine ?

1. La *présure* est un liquide qu'on trouve dans l'estomac des jeunes veaux.

CHAPITRE XXVII.

*Putréfaction. — Antiseptiques et désinfectants.
— Conservation des substances alimentaires.
— Conservation du bois.*

1. Putréfaction. — Quand les corps organisés privés de vie sont exposés à l'air, à la chaleur et à l'humidité, ils se décomposent, ils pourrissent. On donne à cette décomposition le nom de *fermentation putride* ou *putréfaction*.

Les substances animales se *décomposent* ou se *putréfient* généralement plus promptement que les substances végétales, à cause de l'azote qu'elles contiennent, et qui, dès que la vie a cessé, forme rapidement des composés ammoniacaux.

C'est à ces composés, c'est aussi au soufre et au phosphore que contiennent en petite quantité le corps des animaux et certaines plantes, telle que les choux, par exemple, qu'est due l'odeur infecte des substances en putréfaction. Le gaz et les liquides qui produisent cette odeur sont l'hydrogène sulfuré, l'hydrogène phosphoré, le gaz ammoniac et ses composés.

2. Antiseptiques et désinfectants. — On peut retarder la putréfaction des matières organiques, les rendre *imputrescibles*, au moyen de substances nommées *antiseptiques*. On peut le faire encore au moyen de certains procédés de conservation, qui varient suivant le but qu'on se propose.

Si l'on veut seulement se préserver pendant quelque temps de la mauvaise odeur qu'exhalent les matières en putréfaction, ou retarder cette putréfaction, on peut employer les substances suivantes.

Avec les unes, qui sont solides, on recouvre les matières à conserver ou à désinfecter ; exemples : le *charbon de bois*, la *suie*, le *coaltar* (plàtre et goudron), la *chaux vive*.

Avec les autres, préalablement dissoutes dans l'eau, on arrose ces mêmes matières, ou bien l'on plonge ces matières elles-mêmes dans la dissolution ; exemples : le *chlorure de chaux*, le *sulfate de fer*, l'acide *pyroligneux*, l'*acide phénique*, plus ou moins étendus d'eau.

Quelques-unes des substances précédentes ont l'inconvénient d'altérer les corps avec lesquels elles sont en contact. S'il s'agit de les conserver sans endommager les organes, de les défendre contre les insectes, pour l'étude de l'histoire naturelle ou de l'anatomie, pour l'embaumement, on se sert de l'alcool ou de dissolutions d'acide phénique, de créosote, de sublimé corrosif et d'autres composés ou sels métalliques.

3. L'air, la chaleur et l'humidité, avons-nous dit, sont les conditions de la putréfaction. Si l'une de ces conditions fait défaut, la décomposition putride n'a pas lieu ; voici ce qui le prouve.

Des éléphants pris dans les glaces de la Sibérie ont été, après plusieurs siècles, retrouvés entiers avec tous leurs organes. Voilà ce qui résulte de l'absence de la chaleur.

Dans les déserts sablonneux de certains pays très chauds et très secs, on a retrouvé, après de longues années, des corps qui s'étaient conservés en se desséchant par l'action des vents et de la chaleur. Voilà ce qui résulte de l'absence de l'humidité.

Enfin, dans nos climats humides et tempérés, on peut conserver longtemps des substances animales et végétales dans des vases entièrement privés d'air. Voilà ce qui résulte de l'absence de l'air.

4. Conservation des substances alimentaires. — Si les matières dont on veut empêcher la décomposition sont destinées à servir d'aliments, on comprend qu'il faut éviter d'employer, pour les conserver, des substances vénéneuses telles que celles que nous venons de citer.

Voici les moyens de conservation usités.

Le froid : on peut conserver pendant longtemps les substances alimentaires dans la glace. Dans les pays froids, la viande et le poisson gelés se conservent et se vendent dans cet état sur les marchés.

La dessiccation : dans les pays chauds, on conserve la viande après l'avoir coupée en lanières pour la dessécher au soleil et à l'air. — Le bouillon de viande concentré et desséché forme des *tablettes de bouillon,* qu'on peut garder longtemps, et qui sont utiles aux voyageurs. — On conserve les fruits en les séchant à l'air, les légumes en les séchant dans des étuves et en les comprimant ensuite pour leur enlever toute humidité.

On peut conserver la viande ou le poisson par d'autres procédés : en les *fumant*, en les *salant*, en les plongeant dans *l'huile*, dans le *vinaigre*, dans le *lait caillé*. Le choix du procédé varie suivant la durée qu'on veut donner à la conserve, et qui peut être de plusieurs mois.

Le moyen de conservation le plus parfait pour les substances animales et végétales, c'est ce qu'on appelle la *méthode d'Appert*, perfectionnée aujourd'hui. Elle consiste à renfermer les viandes, le poisson, le lait, les légumes, les fruits, dans des vases de verre ou de fer-blanc dont on a chassé l'air en les chauffant, et qu'on bouche ensuite hermétiquement au moyen d'un lut[1] ou d'une soudure. Les substances ainsi prépa-

1. Pâte molle et tenace qui se solidifie en se desséchant, et dont on se sert, en chimie et en pharmacie, pour fermer les vases, enduire les bouchons. La composition des luts varie selon l'emploi qu'on en veut faire.

rées peuvent se garder plusieurs années sans aucune altération. C'est ainsi que se font les conserves de tout genre, si répandues aujourd'hui.

5. **Conservation du bois.** — Les pièces de bois placées sous terre, comme les traverses de chemin de fer, ou à l'air, comme les poteaux télégraphiques, pourrissent rapidement, se transforment en terreau et sont, de plus, attaquées par les insectes. On a trouvé le moyen de les conserver, en les injectant, c'est-à-dire en faisant pénétrer dans leur épaisseur des liquides qui les rendent imputrescibles et inattaquables par les insectes. Ce sont tantôt des dissolutions contenant différents sels métalliques, et notamment le *sulfate de cuivre*, le *pyrolignite de fer*, le *chlorure de zinc*, tantôt des huiles lourdes provenant de la distillation de la houille ou du bois. On peut aussi injecter le bois avec des substances colorantes destinées à lui donner des couleurs variées.

6. Mais qu'on ait recours ou non aux moyens précédents, la conservation des matières organisées a nécessairement des limites. Il arrive un temps où les lois de la

nature reprennent leur empire. — Alors, par l'effet des réactions chimiques qui sont les conséquences de la mort, les éléments venus de l'air retournent à l'atmosphère; les éléments fournis par la terre rentrent dans le sol. C'est le dernier degré de la décomposition du corps. Il va servir, à son tour, sous forme d'*humus* ou de *terreau*[1], à la vie des plantes et des animaux que ces plantes nourrissent.

La matière est donc dans une perpétuelle circulation. C'est ainsi que Dieu tire du sein même de la mort les générations qu'il appelle à la vie.

[1]. Pour reconnaître dans le sol arable la présence du terreau, qui est un élément de sa fertilité, on prend un peu de terre et on la passe dans un crible. On la met ensuite dans un ballon de verre ou dans un vase de terre de petite dimension avec le quart de son poids de carbonate de soude, et l'on ajoute de l'eau pure pour délayer le tout. Après avoir fait bouillir ce mélange pendant dix minutes, on le verse dans un grand verre, et on le laisse reposer pendant 12 heures. Si la terre est riche en terreau, la couleur du mélange devient brun noirâtre; si elle n'en contient qu'une très faible quantité, le mélange est peu coloré.

Questionnaire.

1. Qu'appelle-t-on pu-
tréfaction? — Quels phé-
nomènes produit la pu-
tréfaction?

2. Qu'appelle-t-on an-
tiseptique? désinfec-
tants? — Énumérez les
principaux désinfec-
tants.

3. Quelles sont les
conditions de la putré-
faction?

4. Indiquez les diffé-
rents moyens de conser-
vation des substances
alimentaires.

5. Comment conserve-
t-on le bois?

6. Quel est le résultat
final de la putréfaction?

APPLICATIONS
DE LA CHIMIE A L'AGRICULTURE
INDIQUÉES DANS CE LIVRE.

TABLE DES MATIÈRES.

FIN.